JN076741

マドンナメイト文庫

熟年相姦 忘れえぬ母の柔肉

素人投稿編集部

E N T S

CONT

※投稿者はすべて仮名です

〈第一章〉

美熟母の女芯を貫く背徳のペニス

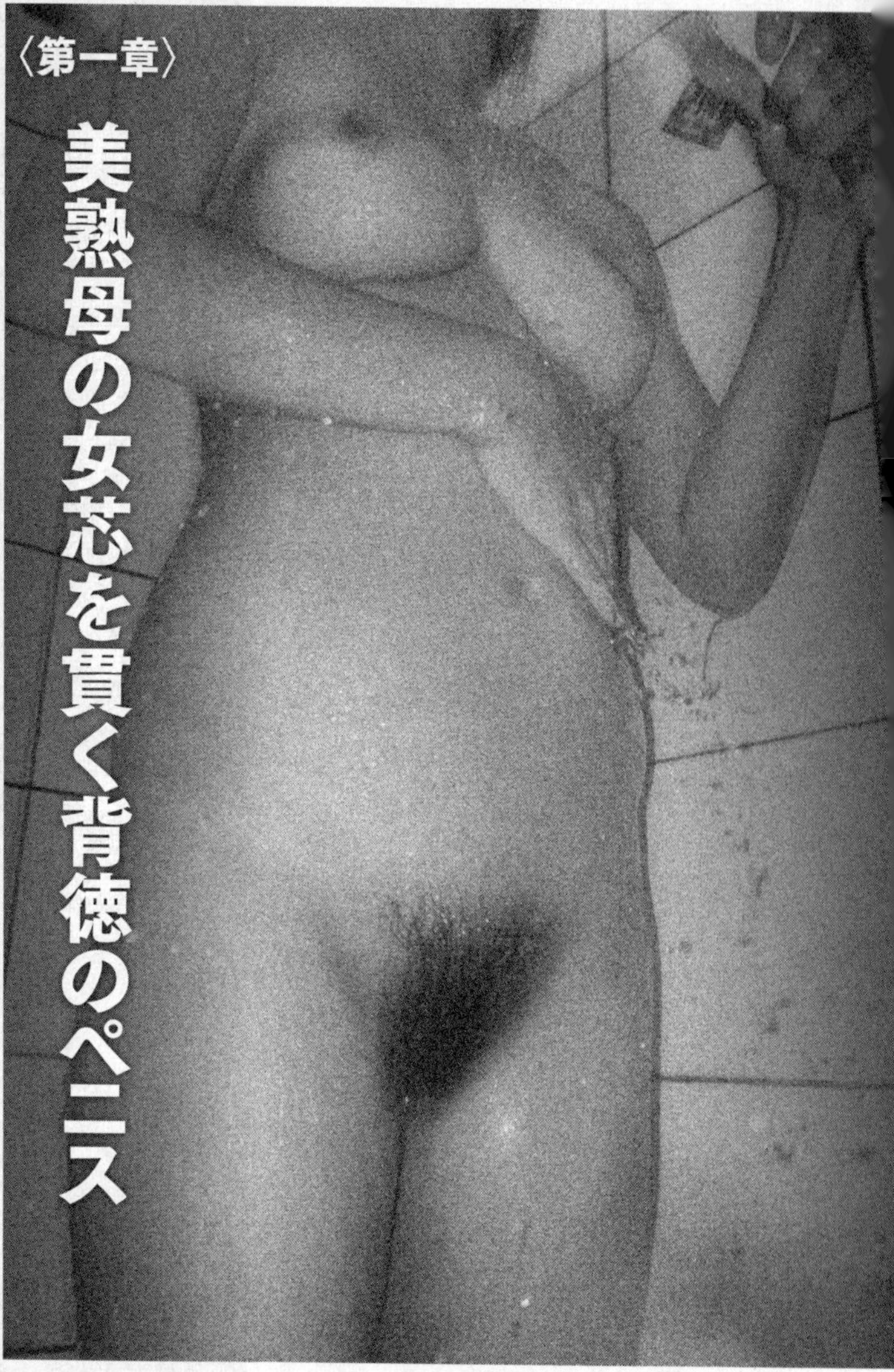

自信を失い自暴自棄に陥った夜童貞を卒業させてくれた愛しの母

内田耕太郎　会社員　五十五歳

あれはいまから、二十五年ほど前のことだったと思います。

私は母一人子一人の家庭で育ちました。父と母は私が中学に入ったときに離婚しました。原因は父の酒癖の悪さとギャンブルの借金でした。優しい母は昼も夜もなく一生懸命に仕事をして、私を養ってくれました。

私も大学を出て事務職の仕事に就き、三十代になる頃には結婚を意識しはじめたのですが、人見知りな性格もあってなかなか彼女ができず真剣に悩んでいました。

正直さすがにあせってきて、一念発起して結婚相談所で相手を紹介してもらったりしたのですが、一回デートをしただけでみんな断られてしまうのです。すっかり自信をなくした私は仕事に身が入らず、毎日塞ぎ込むようになりました。

そんな私を心配してくれたのは、それまでずっと愛情を注いできてくれた母でした。

ある日の夜、食欲もなくなり、夕飯にほとんど手をつけない私に、母は根気強く「いったいなにがあったの？」と尋ねてきました。

女性にモテないことで落ち込んでいるなんて恥ずかしくて言えません。

「うるさいな！　関係ないだろ！」

そのたびに私は母に怒鳴り、うまくいかない人生の鬱憤《うっぷん》をぶつけてしまうのでした。

そんなある日、私宛に届いた結婚相談所からの手紙を勝手に読まれて、落ち込んでいる理由がバレてしまったんです。

「婚活がうまくいかないぐらいなによ。コウちゃんはすごく魅力的よ」

優しく慰《なぐさ》められると、ますます惨《みじ》めな気持ちになっていきました。結局、また私は声を荒らげてしまうのでした。

「嘘だっ。ぼくはぜんぜんダメだよ。いままで一回もモテたことがないんだから！」

「コウちゃん、もしかして、あなた……」

童貞なの？　という言葉は母の口からは出ませんでしたが、私は無言でうなずきました。

女性とつきあったこともなく、フーゾクなんか不潔だと思っていた私が童貞なのは当然のことでした。

「大丈夫よ。あんなの、一回すれば自信がつくわ」

「だから、相手がいないんだよ！」

「相手……それなら……」

不意に母の表情が変わりました。それまでの息子を心配する母親の顔から、女の顔に変わりました。

そのことを感じとった私は、とまどいながら尋ねました。

「なに？　お母さん、どうしたの？」

そんな私に、母は優しく言いました。

「お母さんが相手になってあげる」

「えっ？　相手って……？」

「コウちゃんが童貞から卒業する相手になってあげるって言ってるの」

「本当？」

母は当時、五十代半《なか》ばでしたが、それでもまだ女性として十分魅力的でした。

とくに童貞である私には、風呂上がりの母が濡れた髪をタオルで拭いている姿や、パジャマの内側から盛り上がる豊かなバストなどは、すごくエロティックに感じていました。

「ええ、本当よ。コウちゃんは私の大事な息子なんだもの。コウちゃんが大人になる手伝いができるならよろこんで。さあ、いっしょに寝室に行きましょう」

言われるまま、私は母と手をつないで母の寝室に向かいました。

部屋に入ると、母は私が小さな子どもだったころに着替えを手伝ってくれたように、目の前に膝立ちになって腰のベルトをはずしはじめます。

そんな母の様子を見おろしながら、私はシャツとランニングを手早く脱いでいきました。そして、ジッパーをおろしてズボンを脱がされたときには、もうブリーフを突き破らんばかりにペニスが力強く勃起していました。

「はあぁ……」

それを見た母はため息をつき、恥ずかしそうに目を逸《そ》らしました。

「……ごめん」

「いいのよ。元気があるのはいいことだわ」

そう言うと、私のブリーフをつかんで、優しくゆっくりと脱がしました。

ブリーフが伸びきるほど勃起していたために、ペニスの先端が引っかかっていました。それを無理やり引っぱりおろされたために、ペニスが勢いよく頭を跳ね上げて、パン！　と大きな音が鳴り、そのまま下腹に張りつくようにして、ピクピク震えているんです。

「コウちゃん……すごいわ」

母が小さな声を洩らしました。そして、まぶしそうに目を細めながら、私のペニスを見つめるんです。普通の状態を見られるだけでも恥ずかしいのに、勃起したペニスを見られるのは、自分の心の中までのぞかれているような気がして、思わず私は両手で股間を隠しました。

すると母が、イタズラをしたのを叱るように言いました。

「ダメよ、コウちゃん。恥ずかしがることなんてないの。コウちゃんのオチ○チンはすごく立派なんだから、もっと自信を持って、相手に見せつけるぐらいしなきゃダメ。ほら、手をどけなさい」

そう言われると、母の言いつけに従うしかありません。私が手をどけると、母はうれしそうに言いました。

「はあぁ……こんなに逞しくなっていたなんて。お母さん、あなたが子どものころのオチ○チンしか知らないから、なんだか感動しちゃうわ」

母は私のペニスに手を伸ばしてきました。その指先が触れた瞬間、ペニスがビクンと暴れました。

「なんて元気なのかしら」

今度は母は、生きている魚を手づかみするようにしっかりと両手でペニスをつかみました。

その手はしっとりとしていて、適度に温もりがあり、すごく気持ちいいんです。

「ううう……お母さん……」

私は仁王立ちしたまま、両手をきつく握りしめました。

「すごく硬いわ。あああぁ……」

母は夢中になってペニスをしごきつづけます。すると、亀頭の先端に透明な液体がにじみ出てきました。

「あら、なんか出てきたわ」

「そ……それは……？」

「知ってるわよ。我慢汁でしょ？　もっと気持ちいいことをしてほしいってサインよね？」

母の口からいやらしい言葉が出るのを聞くのは不思議な気分でした。でも、そのことによって私はますます興奮していくんです。

ピクンピクンとペニスが催促するように震えました。

「いいわ。今度はお口でしてあげる」

母はまず亀頭をペロンと舐めました。ただそれだけで、私は全身に電気が流れるような感覚に襲われました。

「はううっ……」

またギュッと両拳を握りしめると、ペニスが母の鼻先で荒々しく脈動しました。

「ああ、すごくエッチだわ。はあぁ……」

母は今度は、舌を伸ばして、ペニスの根元から先端にかけての裏筋をつーっと舐め上げました。

「はうううっ……」

「うふふ……その顔、かわいいわ……」

母は上目づかいに私の顔を見つめながら、根元から先端へ、先端から根元へと、数回舌を這わせると、いきなりパクッと亀頭を口に含みました。

温かな口の中の粘膜が私のペニスを包み込みました。そして、母は舌を絡めるようにして亀頭を舐め回すんです。

「あっ……お母さん……ううっ……」

手でしごかれている間はまだオナニーとそれほど変わらない程度の快感でしたが、

口でされる気持ちよさは経験したことがないものでした。

私はみっともなく声を洩らしながら、体をくねらせました。

そんな私の反応をよろこんでいるのか、母は私の目をじっと見つめながらペニスをしゃぶりつづけました。

そして、しゃぶる勢いが徐々に激しくなっていきます。

「ああ、ダメだよ、お母さん……うう っ……」

気持ちよすぎて足腰に力が入らなくなっていき、私は布団の上に座り込んでしまいました。

それでも母は、ペニスに食らいついたまま放そうとはしません。ジュパジュパと唾液を鳴らしながら、私のペニスをしゃぶりつづけるんです。

「あああ、お母さん……ううう……気持ちいいよぉ……」

私があおむけになって身悶《みもだ》えていると、母は不意にしゃぶるのをやめて言いました。

「あああぁん、なんだかアソコがムズムズしてきちゃったわ。コウちゃん、お母さんも気持ちよくしてくれる?」

「うん。もちろんだよ!」

私は小さな子どものころに戻ったように素直に返事をしました。

「うれしいわ。じゃあ、いっしょに気持ちよくなりましょう」
そう言うと母は、服をすべて脱ぎ捨てて全裸になり、もう一度ペニスを口に咥える
と、まるでコンパスのように体を移動させて私の顔を跨《また》いだんです。
目の前に、母の女性器が現れました。もちろん生で女性器を見るのは初めてのこと
です。母のそこは、少し褐色がかった小陰唇がヌラヌラ光っていて、汗と愛液が混ざ
った匂いもして、すごくいやらしいんです。
「うう……お母さんのあそこが丸見えだ」
「いやっ……コウちゃん、変なこと言わないで。それより、お母さんを気持ちよくし
てちょうだい」
母はいったんペニスを口から出し、それに頬ずりしながら言いました。
「わかった。いっぱい舐めてあげるね」
私は下から母の体を抱きしめるようにして、股間に顔を埋《うず》めました。そして、肉び
らの間をベロベロと舐め回したんです。
「ああ〜ん、気持ちいいわぁ……はあっぐぐ……うっぐぐ……」
私に負けまいとするかのように、母はペニスをのどの奥まで呑み込み、ときおりむ
せ返りながらも激しくしゃぶりつづけます。

その気持ちよさに刺激され、私も母の割れ目を熱烈に舐め回し、そして徐々に、その舌先をクリトリスに集中させていきました。

当時、童貞だったとはいえ、もう三十歳を過ぎた私は、性的な知識だけはいっぱい持っていたんです。当然、女性の体の中でクリトリスがいちばん感じる場所だというのも知っていました。

それに母のクリトリスはパンパンにふくらんでいて、そこをもっと責めてちょうだいと催促しているように見えました。

私が舌先でくすぐるようにクリトリスを舐め回すと、母はビクンと体をふるわせ、ペニスを口から吐き出しました。

「あっ、あああん！　そ……そこよ。あああん、そこが気持ちいいの。もっとぉ……もっと舐めてぇ……」

そして母はまたペニスを口に咥え、首を前後に動かしはじめました。

「こう？　これでいいんだね？」

私はさらに激しくクリトリスを舐め転がしつづけました。すると、愛液の量が一気に増え、私の顔に滴《したた》り落ちてくるほどなんです。

おまけにお尻の穴がキューーッ、キューーッと収縮を繰り返す様子がいやらしくてたまりません。

そんなによろこんでくれるならもっと気持ちよくしてあげたいと思い、私はクリトリスに吸いつき、前歯で軽く甘噛みしながら舌先を高速で動かして、くすぐるように舐め回してあげました。

「あっ、はあああん……だ……ダメ、あああんっ……そ……それ気持ちよすぎるわぁ。あああんっ……」

母はもうフェラチオを続けることもできず、苦しげな声を洩らしながら、私の上で体をのたうたせました。

そして、すぐにその瞬間が来ました。

「あああんっ……も、もうダメぇ……もう……もうイク……はあぁぁん、い……イッちゃう……あっ、はあああああん！」

母は私の上で体をのけぞらせながら絶叫しました。そして、崩れ落ちるようにしてあおむけになって、ぐったりと全身を弛緩《しかん》させたのでした。

「お母さん……イッちゃったの？」

「はあぁ……そ……そうよ。コウちゃん、すごくじょうずだったわ。お母さん、びっくりしちゃった」

ほてった顔で満足げに言う母を見おろしながら、私はペニスを握りしめました。母の唾液に塗《まみ》れたそれは、もう石のように硬くなっていました。

「お母さん、ぼくの童貞を奪ってくれるんだよね？」

「そうよ。コウちゃんの初めての女になってあげる。もう前戯は十分だわ。すっかりとろけているから、コウちゃんの大きなオチ○チンでもちゃんと入るはずよ。さあ、お母さんの体で大人になって」

母は私に向かって大きく股を開きました。ペニスを入れる場所をまちがうわけもありません。そこはもうポッカリと口を開いて、私が入ってくるのを待ちわびているのです。

「このまま入れればいいんだよね？」

私は母におおい被さるようにして、ペニスの先端をヌルヌルになっている膣口に押し当てました。

「はぁん、来て……コウちゃんのその逞しいオチ○チンでお母さんを気持ちよくしてちょうだい」

「入れるよ。ううう……」

私はゆっくりと腰を押しつけていきました。

こんなに大きく勃起したペニスが入るのだろうかと不安に思っていましたが、母の陰部はヌルヌルになっていたために、私を簡単に呑み込んでいきました。

「あぁぁ……入ってくるぅ……す……すごいわ、コウちゃん……あああん……奥まで……奥まで入ってくるぅ……」

母は自ら乳房をもみしだきながら、悩ましい声を出します。

そして私は、根元までペニスを挿入しました。

「うう……入った……全部入ったよ」

しっかりと自分のペニスが母の膣に突き刺さっている様子を見おろしながら、私は感動の声を洩らしました。

それは私を長年悩ませていた「童貞」という称号を投げ捨てた瞬間だったのです。

「ううう……お母さんのあそこ、温かくてすごく気持ちいいよ」

私は母の上におおい被さり、乳房に顔を埋めました。

感動に震える私のペニスを、温かな膣粘膜がねっとりと締めつけてきます。まだ終わりではないのです。というか、セックスの本番はこれからなのです。

私はゆっくりと腰を引き、ペニスを抜いていきました。

「はあぁぁん……コウちゃん……んんん……」

「ううぅ……お母さん……」

完全に抜けきる手前で止め、また奥まで押し込んでいきます。そうやって動くと、すごく気持ちいいんです。直前に味わったフェラチオが最高に気持ちいいと思いましたが、それ以上です。

そして、私は引き抜いたり押し込んだりする動きを徐々に激しくしていきました。二人の粘膜がこすれ合ってヌチュヌチュと鳴り、その音が私をますます興奮させるんです。

しかも、私が突き上げるたびに母の大きな乳房がゆさりゆさりと揺れるんです。それを乱暴にもみしだき、さらには乳首を舐めたり吸ったりしながら、私は激しく腰を振りつづけました。

「あっ、はああん……だ……ダメよ、もう……はああん……気持ちよすぎて、お母さん、また……はああっ……またイキそうよ」

一度イッた女体はさらに敏感になっているようでした。

私は挿入でも母をイカせてみたくて、ペニスを激しく抜き差ししながら、指でクリトリスをこね回してあげました。

すると母は、こちらがびっくりするぐらい感じまくるんです。

「あっ、ダメダメダメ……あああん、そ、それ気持ちよすぎて……はあああん……」

「なに？　イキそうなの？　いいよ。ぼくのペニスでイッちゃって。ほら。お母さん、これでどう？」

私はズンズンと膣奥を突き上げながら、クリトリスを指でつまみました。そこはすでに愛液塗れになっていたために、私の指と指の間からヌルンヌルンとすべり抜けてしまうんです。

指からクリトリスがすべり抜けるたび、母の膣壁がきつくペニスを締めつけます。それが気持ちよすぎて、いきなり射精の予感が込み上げてきました。

「ダメだよ、お母さん……ぼ、ぼくもイキそうになってきた」

「え？　いいわ。はあぁぁん……いっしょに……いっしょにイキましょ。中に……中にちょうだい」

「で……でも……」

「いいの。大丈夫よ。もうお母さんは妊娠の心配はないから。はああっ……だから……だから、いっぱい出してぇ！」

それはとても魅力的な提案でした。このヌルヌルの膣穴の奥に射精すると思うと、それだけで私は猛烈に興奮してしまい、ペニスに受ける快感も何倍にもなるのでした。

「ああうっ……もう……もう出るよ。あううっ！」

私はズンと力いっぱい突き刺して、そのまま腰の動きを止めました。と同時にペニスがビクンと脈動し、母の膣奥目がけて勢いよく精液が噴き出すのがわかりました。

「あっはあああん！　私もイクぅ〜！」

私の熱い迸りを膣奥に受けた母も、絶叫しながらエクスタシーに昇りつめました。

そして私は、ぐったりと母の上に体を預け、しばらく初体験の余韻にひたったのでした。

母の言うとおり、童貞を卒業した私は、内側からにじみ出る自信を手に入れたからなのか、徐々にモテはじめ、取引先の受付嬢をしていた現在の妻と恋愛し、結婚しました。

そして、その母も昨年、亡くなりました。

もちろん初めての相手が母だったことは、誰にも話したことはありません。それは私と母だけの秘密なのです。

十年以上の長きにわたった不貞関係
義父に嬲られつづけた倒錯の日々

笹原みのり　専業主婦　五十三歳

先月、義父が七十八歳で亡くなりました。

ほっとしたようなさびしいような、不思議な感情に包まれました。というのも、義父と私は長年にわたって、夫に隠れて関係を持っていたからです。

私たち夫婦が義父と同居を始めたのは、いまから十五年ほど前のことです。

義父の奥さん、つまり私から見れば義母ですが、その奥さんが亡くなり、高齢者の一人暮らしを案じた夫のほうから同居を呼びかけたのです。

当時、夫と私は四十路に入ったばかりで、義父の浩二《こうじ》さんは六十代の半《なか》ばでした。

しかしそんな年齢とは思えないほど、浩二さんは若々しい男性でした。

身長は夫よりも高く体格もよく、顔つきも精悍《せいかん》で、体力もまだまだ有り余っていました。問題なのは、体力だけでなく精力もたっぷり余っていたことです。

同居を始めてすぐ、浩二さんが私をおかしな目で見ていることに気づきました。夫の目を盗んで、私の体を舐めるように見つめてくるのです。

お恥ずかしい話ですが、私の体はかなり豊満です。薄手の部屋着だと、何を着ていても体の線が出てしまいます。お尻に、胸に、突き刺さるような浩二さんの視線を感じる毎日でした。

でも私は、とくに浩二さんを咎《とが》めたりはしませんでした。

お義母《かあ》さんを亡くしたばかりで、お義父《とう》さんもさびしいんだろう……そう考えることにして、知らぬ素振りでいたのです。でも結果的にはそれがよくなかったんです。

同居が始まって数カ月後に、夫が会社で異動になりました。これまでの人事部から営業職に変わり、出張に出ることも多くなったのです。

夫が留守になると、家の中は浩二さんと私の二人きりです。まさか……とは思っていましたが、そのまさかが、起こってしまったのです。

ある夜、夫が出張で家を留守にしたとき、浩二さんはとうとう私の布団の中に忍び込んできたのです。

うちは古くからの日本家屋で、寝室にも鍵などはありません。すでに眠りについていた私は、何かが自分の体に触れるのを感じて、目を覚ましました。

「え、ちょっと、何……!?」

顔を横にして寝ていた私に寄り添うように、浩二さんが後ろから私に抱きついていたのです。そして私の前まで手を回し、胸をもんできました。

「ね、寝るときは、ブラをしないんだな、あんた……」

興奮した浩二さんの荒い息が私の耳に、うなじに、吹きつけられます。お尻に熱いモノが押しつけられる感覚もありました。私はゾッとしました。

「いや……や、やめてください、お義父さん……!」

私は驚いて、体をよじって逃げ出そうとしました。しかし浩二さんはしっかりと私の体をつかんで、離してくれません。

そして私の耳に、こうささやいてきたのです。

「……あんただって、私の視線にこたえてくれただろう」

浩二さんは、自分の視線を拒否しない私を、自分の気持ちを受け入れたものと解釈していたのです。私も、そう言われると、なんだか言い返せない気持ちになってしまいました。

「んぐっ……」

浩二さんの唇が私の唇に襲いかかってきました。いいえ、唇だけでなく顔全体に、そして首筋にまで、舌先が這い回ってきたのです。

年配の男性の口だから口臭がひどいかと思ったのですが、そんなことはありませんでした。もしかしたら歯をよく磨いて、口臭のケアをしていたのかもしれません。

積極的で激しいキスに、私はいつしか甘い気持ちを感じていました。

実を言うと、当時私はすでに、夫とは長い間セックスレスだったのです。

キスをされるのも、久しぶりのことでした。

そして自分ではもう性欲もなくなっていたつもりだったのに……まるで火がついたみたいに、内側から熱くなってしまったのです。

私の体の芯に点火したのは、浩二さんでした。

浩二さんは抵抗する私の両手をつかんで、舌先で私の首を愛撫しました。思わず淫らな声が洩れてしまいます。それは感じていると白状しているようなものでした。

浩二さんの舌先は、私の乳房にまで到達していました。すでにはだけてしまった胸の谷間に顔を埋《うず》めて、顔を左右に振るようにして、責め立てたのです。

「ああ、いいニオイだ……！」

浩二さんが興奮しているのが伝わってきます。

正直言って、なんだかうれしい気持ちもありました。夫から相手にされなくなった中年女の肉体に、まだ興奮してくれる男性がいる……女にとっては、自信を持たせてくれる事実ではあったのです。

いつしか、私の抵抗する力はゼロになっていました。

浩二さんは私の手首をつかんでいた両手を放し、私の胸を愛撫してきました。

大きな乳房に手をあてて、ゆっくりともみほぐしてきます。なかなか乳首に触れてくれないのを、じれったく思う自分に驚きました。

義父の愛撫を、私も愉しんでいたのです。

私は布団の上にあおむけにされ、無防備になっていました。

浩二さんの唇が、私の乳首に触れます。

「んっ……！」

とっさに声を殺したのは、夫への罪悪感のためでしょうか。

しかしすでに敏感にとがった乳首を甘噛みされると、私は太ももをモジモジさせずにいられませんでした。

その閉じた太ももをこじ開けるように、浩二さんの手が入りこんできます。

パンティの上から、私のアソコの縦のすじに合わせるように手を動かします。

「んっ、んっ……！」

私は唇を嚙んで、声が洩れるのをこらえました。

浩二さんは私にこんなことを言ってきます。

「何も、声を殺さなくてもいいぞ。アイツは家にいないんだからな……」

アイツというのは夫のことです。自分の息子の妻を寝取るようなまねをして、浩二さんには罪悪感がないのだろうかと思いました。しかしそんなことを考える私の頭もだんだんぼうっとなってきました。

パンティの上のほうから、浩二さんの手が滑りこんできます。

そしてアソコをかき分けるように、いきなり指を挿入してきました。

「あああっ」

私はとうとう大きな声で喘いでしまいました。

浩二さんに声のことを言われたせいで、そうなってしまったのでしょうか。完全に浩二さんのペースで、私はされるがままの状態でした。

このとき気がつきましたが、浩二さんは、あらかじめ裸になって私の布団に忍び込んできていたんです。

先に書きましたが、浩二さんは夫以上に体つきも精悍で、はっきり言ってセクシーな男性です。そんな男性に抱かれることに、興奮しない女性はいないでしょう。

そして浩二さんの指に貫かれた私のアソコも、すっかりいやらしいジュースで濡れてしまっていたのです。自分のアソコの内側が、浩二さんの指に吸いついていくのがはっきりとわかりました。

「濡れてるね……オマ〇コ……」

ねっとりと、私の耳に浩二さんがささやいてきました。

アソコに入れられた浩二さんの指が前後にゆっくりと動かされると、静寂のなか、ジュースを指でかきまぜる音だけが聞こえてきました。

「あっ……んっ……ダメ……！」

私は悶《もだ》えながら、体をよじりました。でも逃げ出すだけの体力は残っていませんでした。愛撫で感じさせられて、全身の力が抜けきっていたのです。

浩二さんは、さんざん私のアソコをいじったあとに、ゆっくりと引き抜きました。指は三本も入れられていて、抜かれたあとにはアソコがぽっかりと口を開けているような気さえしました。

浩二さんはパンティを横にずらすと、その開ききった状態のアソコに、自分のモノをあてがってきたのです。あせった私がそっちを見おろすと、浩二さんのオチ〇チンにはコンドームが被せてありました。

もう、観念するしかありませんでした。

「おうっ……！」

浩二さんはうめき声をあげながら、私のアソコに一気に挿入しました。

浩二さんの指でドロドロになっていたアソコは、それを難なく受け入れてしまったのです。そして、受け入れてしまったのは私の心も同じでした。

もうすっかり感じさせられていた私は、浩二さん自身に貫かれることを、途中から待ち望んでいました。オチ○チンを待っていたのです。

「ああ、ふあっ……あん、あんん……！」

正常位でおおいかぶさってきた浩二さんの体に、私は自分から手を巻きつけていました。興奮して汗ばんだ浩二さんの背中にしがみついたのです。

実際、久しぶりのセックスに、私はどうしようもなく感じていました。

最後に夫としたのがいつかも忘れていました。セックスはこんなに気持ちいいものだったかと、あらためて思ったくらいです。

そして明らかに、夫のモノよりもその父親である浩二さんのほうが大きくてゴツゴツしていて、気持ちよかったのです。

「どうだ、気持ちいいか？　アイツよりも、気持ちいいか？」

腰を動かしながらそう訊いてくる浩二さんに、私はバストを大きく波打たせながらうん、うんとうなずいてしまったのです。

浩二さんは満足そうな笑顔を浮かべて、さらに速く腰を動かしてきました。

「あっ……あん！」

私の大きな胸がさらに揺らされて、まるでゴムまりみたいでした。

浩二さんは、その胸を思いきり握りしめてきました。

そんなふうに乱暴にされることさえ、私はうれしくありました。男性が、自分でここまで興奮してくれることが、うれしかったのです。

「イク……イクぞ……！」

浩二さんが上ずった声でそう言って、私の中で果てました。

コンドームをしていたことを、こんなによかったと思ったことはありません。

私も久しぶりに男性に抱かれる気持ちよさに、無意識に淫らな声をあげてしまいました。何年かぶりに、オーガズムを感じてしまったのです。

しかし、いざ我に返ると、とんでもないことをしてしまったという罪の意識が胸の奥にとめどなく沸き起こってきました。

それまで、浮気なんて考えたこともありませんでしたし、夫にも、少なくとも私が知る限り、浮気をされたこともありません。

それがこんなことになってしまって……しかも相手は義理とはいえ父です。

こんなことはもう、これっきりにしてください……私がそう言うよりも先に、浩二さんが私に向かってこう言いました。

「これでもう、アンタは俺のもんだ。アイツが家を留守にするたびに、かわいがってやるからな……」

そして、ほんとうに浩二さんが言ったとおりになってしまいました。

その夜以来、夫が出張に行くたびに、浩二さんと私は関係を持つことがあたりまえになってしまったのです。

関係を持つたびに「もうこれっきりにしてください」と懇願するのですが、これまでのことをすべて夫に暴露すると脅迫されて、泣き寝入りしつづけたのです。

不思議なことに、夫にバレるようなことはまったくありませんでした。ひとつ屋根の下で暮らす家族だからこそ、いろいろとごまかしがきいたのです。普通の不倫関係とは違って、初めからいっしょに暮らしているんですから。

やがて浩二さんとの行為は、だんだんとエスカレートしていきました。

浩二さんは夫とは違って、少しサディスティックな、乱暴なセックスを好む傾向がありました。バックで私を犯しながらお尻を叩いたり、軽くではありますが首を絞めるようなまねをされたこともありました。

縛られたり、目隠しをされたこともあります。そして、そんな変態的な行為に、私自身も感じてしまっていたのです。

どうやら、もともと私自身のなかにあったM的な性質が、浩二さんとのセックスで引き出されてしまったようなのです。

「どうだ、何も見えないか?」

出張中の夫の目を盗んでいつものように関係していたときのことです。浩二さんは手拭いで私の両手首を体の後ろで縛り、さらに別の手拭いで目隠しもして、私にそう言いました。

「何も……見えません……」

私はすでに裸にされていて、床に膝立ちの状態になっていました。

場所はリビングです。浩二さんは家に二人きりのときは、寝室だけでなく、どこでも私を求めてきました。家の中に、行為に及んだことがない場所のほうが少ないくらいです。

「何を差し出されても、口の中に入れるんだぞ、いいな」

浩二さんの声は頭の上から聞こえてきます。私の周りをグルグルと歩き回っているような気配を感じました。

待っていましたが、しばらくは何もされる気配がありません。だんだん、体を支えている足がしびれて、ガクガクと震えだしてきました。

「んぐっ……！」

不意を突いて、何かが口の中に突っ込まれました。何せ目が見えない状態ですし、それに突然だったから何かわかりません。

口の中で何かがグニグニと動いています。浩二さんの指だということはすぐにわかりましたが、その指の間に、何か硬いものが挟まれていました。

（冷たい……！）

それが氷だということに気づいて、全身に寒気が走りました。

ただの寒気だけではありません。実際に肌の表面に冷たさを感じました。浩二さんは反対の手にも氷を持って、私の肌をなぞるように愛撫しているのです。

「あっ……やっ……！」

体のどの部分にイタズラをされるのか、目隠しされているので予測することができません。そのせいで、実際以上に刺激を感じてしまうのです。

「ひっ……！」

乳首の先端を、氷でツンツンと突かれました。全身に鳥肌が立つのを、ありありと感じました。体をよじって逃げ出しても、氷はどこまでも追いかけてきます。

「ふっ……んっ……！」

肌を刺激する氷の冷たさに気を取られているうちに、私の開いた口の中に再び何かが入ってきました。

まちがえようもないものでした。それは、すでに何度も何度もくり返し味わった浩二さんのオチ○チンだったのです。

「むぐ……ん……」

私の舌が、自分の意志とは関係なくオチ○チンにまとわりついていきます。逞しいオチ○チンの熱は、とても義父の年齢のモノとは思えません。夫のオチ○チンでは味わったことのない快感を、このオチ○チンが教えてくれたのです。だからこうして舐めていても、一秒でも早く自分の膣の中に入れてほしいと、そのことばかり考えてしまうのです。

「ん……お願いです、早く、私の中に……」

懇願する私の頭が不意に浩二さんの手でつかまれて、前後に揺すられました。私のノドの奥に、何度も何度も亀頭が激しく当たりました。

「まずは、このまま一回、俺をイカせてからだ」

浩二さんは、私にそんな命令をするのです。

でも命令をされることが、私は好きなのです。奉仕することに喜びを感じてしまうのです。そんな性癖が自分のなかにあることを、浩二さんが教えてくれたのです。

私は命じられるままに舌を使って、浩二さんに気持ちよくなってもらいました。口の中にそのまま、熱い精液を発射してもらったのです。

そして口に出されたときは、残さずに飲むのが暗黙のルールでした。

「どうだ、全部飲んだか？」

浩二さんに言われて私は目隠しされたまま口を大きく開けました。出されたものを全部飲み干したということを、浩二さんに見せたのです。

「よし……じゃあ、ご褒美をやるぞ」

私の太ももがつかまれて、床の上に寝転がされました。

自分では見ることができませんが、下半身のほうが上を向くようなかたちにされ、お尻から支えられています。きっと、まる出しになったアソコを見られているに違いありません。

恥ずかしくて、全身に火がついたように熱くなりました。

オマ〇コに何かを感じます。浩二さんの吐息でした。それが吹きかかるのがわかるほど近くで、見られているのです。

吐息に感じてしまって、奥から濡れてくるのが自分でもわかりました。

「あ、ああ……見ないで……見ないでください」

突然、膣内に激しい刺激を感じました。初めのうちはわかりませんでしたが、それは震動でした。異物を……大人のおもちゃを挿入されたのです。

「ああ、いやっ……！」

事前に、こんなものを用意しているとは知らされていませんでした。それどころかおもちゃを使われたのは、そのときが初めてだったのです。

次に夫が出張で不在になったとき使うため、わざわざ浩二さんがアダルトショップで購入していたのです。後でそれを聞かされたとき、老人と呼ばれる年齢に達しながら、なんというセックスに対する執着心《しゅうちゃくしん》だろうと驚かされました。

「どうだい、気持ちいいか？　気持ちいいだろう？」

浩二さんのうれしそうな声が聞こえてきます。私としては気持ちいいどころか、入れられた瞬間から何度もイカされて、まともに答えることもできません。ずっと目隠しをしたまま責められて、体中が敏感になっているところにこんな凶器を使われたのですから、たまったものではありません。

グルグルと回転するように動いているものが、前後にピストンされるのです。次にどの部分が刺激されるのかまったく予測もつかない状態で、失神寸前までイカされつづけたのです。

ようやく目隠しをはずされて、異物を抜かれたころには、私の体はもう動かせないほど疲れきっていました。

でも、そんな私に浩二さんはこう命令するのです。

「ほら、上に乗って、俺をイカせてくれ」

やっぱり年齢が年齢だから、歳を経るごとに自分では腰を動かさなくなっていきました。あおむけになって、騎乗位でセックスすることが多くなっていったのです。

私は仕方なく、疲れた体に鞭打って浩二さんの下半身に跨《またが》ります。

オチ○チンを握りしめて自分の濡れたアソコにあてがい、自分から腰をおろしていきました。熱い亀頭が、幹の部分が、徐々に自分の中に入りこんできます。

「あっん、んん……」

私の体の下から浩二さんの両手が伸びてきて、バストをもみしだいてきます。

「ほら、ほら、腰をもっと動かして……」

好色そうな笑顔を浮かべて、私にそう促すのです。

その日も、結局二回も膣内で射精されてしまったのです。

でも、こんな精力的な浩二さんも、やはり年には勝てませんでした。

寝たきりにこそなりませんでしたが、晩年は病気がちで、床に伏せることが多くなっていました。私はもう五十代の半ば、浩二さんは七十代後半になっていました。

でもそんな状態になっても、浩二さんは私の肉体を求めてくれたのです。浩二さんだけが私を女として求めてくれたのです。

長年、断ち切れない関係に悩みつづけながらも、私の心のなかには浩二さんに感謝するような気持ちもありました。

最後に浩二さんとしたのは、いつものように夫が出張で留守になったとき。このときは浩二さんに命じられたのではなく、私のほうから誘いました。

長年に渡る不義の関係でしたが、私から誘ったのは、このときが初めてでした。

「お義父さん……」

私は浩二さんが横になっている寝室に入りました。

「おお……」

浩二さんは横になったまま、力なくこちらに顔を向けました。ずいぶん老けたなあと、自分自身のことを棚に上げて私はそう思いました。

私は無言のまま浩二さんに近寄り、掛け布団をめくり上げパジャマの上から、そしてそれも脱がして直接、指でオチ○チンをこねくるようにもてあそびました。

しかしなかなか以前のように硬くなってくれません。浩二さんも感じてはいるようなのですが、大きくふくらまない自分自身に苛立《いらだ》っている様子でした。

「だいじょうぶ、です……」

あせる浩二さんがなんだか哀れになって、私は自分から舌先を伸ばし浩二さんのオチ○チンを舐めてあげました。

舌先で亀頭を軽くおおっている皮の部分をめくり上げ、その部分に沿って亀頭の首をグルリと一周しました。そうしている間も指で裏筋を上下になぞって、反対の手では袋の部分をやわらかくもんで刺激しました。

それらは全部、浩二さんに教わった愛撫の仕方でした。

キュッと手筒で握ると、心なしか中に芯が通ったように硬さが出てきました。

私は着ているものを脱いで、生まれたままの姿になりました。私を見る浩二さんの目が、輝きを取り戻します。私の体を見て興奮してくれているのです。

「んっ……」

私は浩二さんの硬くなりかけたオチ○チンをつかんだまま、浩二さんの上に跨りました。そして亀頭の先を、自分のアソコに……クリトリスや、肉ヒダにこすりつけたのです。少しずつ、硬く、熱くなっていくのがわかります。

「熱いです……お義父さん……」

私のその声を聞くと、浩二さんのオチ○チンはさらに硬さを増しました。その瞬間を狙って私は腰をぐいとおろして、根元まで呑み込みました。

「おお……気持ちいい、気持ちいいぞ……!」

浩二さんの口からうめき声が洩れます。

しかし以前のように私のおっぱいをグイグイもんでくるような積極性はありませんでした。それでも私は少しでも浩二さんに興奮してもらおうと、激しく腰を前後に、上下に動かしつづけました。

私のアソコから溢れ出た愛液は濃く白濁していて、浩二さんの白髪交じりの恥毛をベットリと汚しました。

ドロドロの結合部を見て浩二さんも興奮したようで、次第に私の中のものも熱くなっていきます。

「い……イク……！」

浩二さんの体がプルプルと快感で震えました。そして満足気に、ぐったりと体から力が抜けていきました。

その日からちょうど一週間後に、浩二さんはあの世に旅立ちました。

いまでは思い出のなかにしかない浩二さんとの不義を、私はこうして手記にしたためることで、浩二さんへの追悼《ついとう》にしたいと思ったのです。

浩二さん、ありがとうございました。

実姉との性行為に没頭した幼き頃
いまは姉の面影を残した姪と……

楠森賢一　アルバイト　六十歳

共働きの両親に育てられたせいもあるのでしょうか。私と姉は仲のよい姉弟でした。帰りの遅い両親を片寄せ合って待っていた記憶はいまでも鮮明に覚えています。

私たちのお気に入りの遊びは、いわゆるお医者さんごっこで、お互いの体をまさぐり合い、性器を見せ合っていました。

思春期を迎えるころには、それははっきりとセックスを意識した行為に発展し、姉が中学生で初潮を迎えたころ、私は初めて姉に性器を挿入しました。そのとき、私はまだ小学校の五年生でした。

姉との肉体関係は二年ほど続いたでしょうか。そのうちに私たちの行為が両親に気づかれ、姉は高校入学と同時に寮に入れられ、私たちは引き離され、以来、家族の集まり以外で、姉と顔を合わせることはありませんでした。

私は高校卒業と同時に就職して家を出ました。実家には正月の年始以外で戻ることもありませんでした。

そのうちに親から姉が結婚するという連絡がありました。私は仕事が忙しいことを理由にして結婚式を欠席しました。姉がほかの男のものになるところなんて見たくもなかったし祝福する気にもなれなかったからです。

そのようにして時は流れ、結局独身のまま私もいまや還暦を迎えます。母親はすでに亡くなり、父親はかろうじて存命ですが、実家を処分した金で介護施設に入所しています。見舞いにいくこともありません。行っても認知症でこちらの顔も判別できないのですから、行く意味もありません。

姉とは父親の入所手続きのときに顔を合わせたのが最後です。次に会うのは父親の葬式でしょうか。

私自身はというと、多めの退職金をもらいすでに会社を早期退職して、いまは週三日、交通誘導員のアルバイトをしています。そんな気ままで味気ない独居生活に最近になって彩《いろど》りが加わりました。

姉の娘、つまり私にとっては姪ということになるのですが、彼女が私の家に訪ねてくるようになったのです。

姪は結婚して近所に住んでいたのですが、子どもも大きくなって手が掛からなくなり、またその学費が家計を圧迫しているようで、私が使うスーパーマーケットでアルバイトを始めたのです。買い物に行った際、偶然レジ打ちをしていた姪と再会したのでした。

正直私はまったく気づかなかったのですが、姪のほうはしっかり私を覚えていて、なつかしがってくれました。彼女が子どものころ、正月にお年玉をあげたりいっしょに凧揚《たこあ》げをしたことが印象に残っていたようです。

お互いの近況を伝え合い、近所のマンションで一人暮らししていることを言うと、姪はスーパーの売れ残りの惣菜を持って訪ねてくるようになりました。姪の夫は仕事が忙しく家で食事をすることもないようで、一人で食事するのも味気ないとのことで、私といっしょに食べていきます。

食卓に雑多な惣菜を並べて二人で食べ散らかすことは、私に子ども時代の姉との生活を思い起こさせました。そのようにして私たちが肉体関係を持つようになるのに時間はかかりませんでした。

最初はお互いの仕事の愚痴を話していたのだと思います。交通誘導員の仕事は一日手旗を振って肩がこるし、立ちっぱなしは腰にこたえるというところから、姪がマッサージをしてあげると言い出したのです。

姪に促されるままに私はベッドにうつ伏せになりました。姪はベッドの脇に立って、私におおいかぶさるようにして、腰から背中、肩甲骨から肩にかけてマッサージを始めました。効果的にこりがほぐれていくのが自分でもわかりました。

気がつくと私は勃起していました。血行がよくなったせいばかりではありません。若い女の放つ色香に反応してしまったのです。

不自然に身をねじらせたせいでしょう、姪にも股間の様子が気づかれてしまったようでした。私たちは気まずくなり黙り込みました。

「ねえ、そっちもほぐしてあげようか？」

マッサージを続けながら、姪が言いました。そっちというのがペニスであることはまちがいありません。

「……いいのかい？」

姪は黙ったままうなずき、私はうつ伏せからあおむけになりました。姪の手指が私の股間に向かい、ズボンの上からそのあたりをなでさすりました。

「すごく、勃《た》ってるね」

姪はそう言って私に笑顔を向けました。微笑んだ顔は姉とそっくりでした。

長らくまともに会っていませんが、私の心の目には、ずっと少女時代の姉の面影が焼きついています。

私の脳裏に、姉との秘め事が鮮明に蘇《よみがえ》りました。見たこと、感じたこと、居間にあったラジオから流れる音楽、そのときの空気感のまるごとが思い出されました。

それに呼応するかのように私のペニスは、ますます硬さと大きさを増してズボンを突き破りそうな勢いでした。

「脱がせてもいい？」

返事を待たずに姪がチャックをおろし、ズボンをズリ下げました。私のペニスは、締めつけから解放されて、ビンッと立ち上がりました。

「大きい。それにすごく硬い」

姪はペニスに指を絡ませてそう言うと、唾を垂らして、亀頭になすりつけました。ぬるぬると、亀頭全体に姪の唾液が塗りのばされます。思わず腰が引けるほどの刺激でした。

姪は唇をすぼめて先端にキスをすると、舌を亀頭に這わせました。ぺろぺろと舌全体で舐め回し、カウパー腺液が洩れ出した尿道口に吸いつきました。

唾液にまみれた指先を茎に絡みつかせてしごきながら、姪はもう一方の手で玉袋を優しくもみほぐしました。

やがて姪は口を開けて、そのまま亀頭を口に含みました。口いっぱいにペニスを頬張って、姪が上目づかいで私の顔を見ました。

「叔父さんの感じてる顔、かわいい」

姪はそう言って目を細めながら、またペニスを咥え込むのでした。

フェラチオは次第に熱が込められ、姪は頭を上下にスライドさせて亀頭に刺激を与えつづけました。

腰の奥にじんわりと快感が広がり、射精の予感がありました。

「だめだよ。もう出ちゃいそうだ」

しかし姪は、動きを止めるどころか、よりいっそうピストン運動を速く強くするのでした。

「いいよ、このまま口に出して。飲んであげるから」

その献身ぶりは、かつての姉を思い出させました。姪の美しい顔が口いっぱいに頬張った私のペニスのせいでゆがむ様は痛々しくも感動的で、私は胸が熱くなりました。

「もう、我慢できない……！」

腰を蹴飛ばされたような衝撃があり、私はそのまま姪の口の中に思いきり射精しました。自分でも驚くほどの量の精液が勢いよく迸りました。

「うぐ、うぐぅううう……！」

姪は苦しげに眉をしかめながらも、そのままペニスから口を離すことなく、大量の精液を受け止めました。そして私がティッシュペーパーを用意する間もなく、のどを鳴らして飲み下しました。

「吐き出してもよかったのに……」

私は決まり悪そうにそう言いました。

「私が飲みたかったの」

姪はそう言ってまた微笑むと、口元や指にこぼれた精液までも舐め取って飲み込みました。

私はなんと言っていいかわからず、黙り込むばかりでした。

「私にも、同じことしてくれる？」

ベッドにあおむけになりながら、姪が言いました。誘惑に勝てるほど私の自制心は強くありませんでした。

私は彼女のスカートの中に頭から突っ込む体勢になりました。太ももに舌を這わせ、股間へと舐め上ります。

「あぁあああん……」

姪の声を頭上に聞きながら、私は股間の中心に至りました。パンティには愛液がにじみ出し、しみになっていました。

私は、指先で股布を横にめくりました。陰毛に包まれた女性器があらわれました。

私はそこに鼻先を突っ込むようにむしゃぶりつきました。

「ああ、気持ち、いい……！」

舌先で陰唇をかき分け、膣口を探ります。クリトリスにも舌を這わせて、念入りに愛撫しました。

「あ、そこ。感じる……！」

四十路の女陰はどこまでも柔らかく、尽きることのない泉のように愛液を溢れさせます。性臭が匂い立ち、私を夢中にさせました。

「ねえ、指もちょうだい。指、欲しいの……！」

言われるままに、私は中指に唾液と愛液をなじませて、膣口に挿入しました。膣内はびっくりするくらいに熱くなっていました。

「ああ、イイ。すごく、気持ちいい……！」

姪は敏感に反応して、びくびくと痙攣し、ベッドの上で腰が跳ねました。クンニリングスを続けるためには、彼女の腰を抱え込まなくてはなりませんでした。

「ねえ、キスして」

姪が甘えるように言いました。私はスカートから顔を出して、あらためて姪と抱き合いました。唇を重ね、舌を絡ませます。

「あふぅう……」

姪の口から甘い吐息が洩れます。かすかに精液の匂いがしました。私の精液です。もしかしたら私の口からは彼女の愛液の匂いがしていたかもしれません。ついさっきまでお互いの性器を舐めていた口と口で交わすキスは、普通のキスよりもずっと濃厚で、意味の深いものでした。

「最後までするの？」

私はそう聞きました。強引に推し進めていいものかどうか自信が持てなかったからです。

「叔父さんはどうしたいの？」

そう聞き返されたら、さすがに答えは決まっています。

「最後までしたい」

「じゃあ、そうしようよ。私だってしてほしい」

「でも、お母さんに申し訳ないんじゃないかな……」

私の自信のなさは罪悪感に由来し、それは姪本人に対してのものでもありましたが、彼女の母、つまり姉に対するものでもありました。

愛する姉の大事な娘と関係を持つなんて、姉が知ったらさぞかし悲しむだろうと思ったのです。

「関係ないよ。私だってとっくに大人なんだし。それとも、叔父さんはまだお母さんのことが好きなの？　私が相手じゃだめなの？」

私はぎょっとしました。まるで、私と姉の関係を知っているかのような口振りだったからです。まさか姉がそんなことを娘に話すとは思いませんが、親戚の誰かからそんな噂でも聞いたのでしょうか。

しかしそんなことを問いただすわけにもいきません。私は、ごまかすように、再び姪の唇に自分の唇を押しつけました。

もう止まりませんでした。私は姪をきつく抱きしめ、全身をまさぐりました。彼女は敏感に反応して身をくねらせます。

私はシャツを脱がせ、ブラジャーをはずしました。やや小ぶりな乳房が露《あらわ》になります。乳首は十分に発達して、やや大きめでした。

私は乳房をわしづかみにしてもみしだき、乳首に吸いついて口の中で舌を絡めて転がしました。

「あふぅんんん……」

右の乳首に吸いつきながら左の乳首を指でつまんで愛撫し、指と乳首の摩擦で唾液が乾くと、左右交替して今度は左の乳首に吸いついて、右の乳首を指でつまみます。

「あん、あんん……！」

乳首はくりくりと硬く中に芯ができて、一回り大きくなりました。そんな反応のひとつひとつが新鮮でもあり、なつかしくもありました。

私は姪との行為に没頭しました。それはもしかしたら、自分と姉の過去の過《あや》ちを白日の下にさらすのを避けるためでもあったかもしれません。姪に問い詰められて、姉と私の当時の秘め事を白状させられることを私は恐れました。

でも、姪にその話題を出させないためにたゆまず繰り出す愛撫が、私にとっては姉との行為をなぞる行為にほかなりませんでした。私の愛撫の方法は全部姉に教えられたものでしたし、女体の知識も全部姉の体を通して知ったことだったからです。

「ああ、気持ちいいの。もう、どうにかなっちゃいそう。ねえ、もう入れて。叔父さんのおち○ちん、私のアソコに突っ込んで！」

私のペニスは、先ほどの射精にもかかわらず、すでに硬さを取り戻していました。私は意を決すると、姪の両脚を開かせ、その間に自分の下腹部を割り込ませました。亀頭の先端が、十分にうるおって充血した女陰に触れます。ぬるぬるねちゃねちゃと、お互いの粘液をなじませると、私はゆっくりと腰に体重をかけました。

「あぁぁああぁ……！」

ペニスの先端が膣口に侵入し、姪が背筋をのけぞらせました。

「ああ、もっと、もっとよ。もっとちょうだい！　深くにちょうだい!!　叔父さんのおち○ちん、もっと深く欲しいの……！」

姪は腰を蠕動《ぜんどう》させて、がつがつと私のペニスを深く呑み込もうとしました。次々と溢れ出す愛液にほとんど抵抗もなく、ペニスは呑み込まれていきました。

膣内は熱く、私はペニスが火傷《やけど》するのではないかとさえ思いました。ああ、こんな感触だった。ほとんど思春期以来の膣内体験は、非常に感慨深いものがありました。この感覚は忘れるべきではない、ほんとうに好ましい感覚だと思いました。

「ああ、気持ちいい。叔父さんも気持ちいい？　気持ちいいの？」

「もちろん、すごく気持ちいいよ」

私は夢中でピストン運動を始めました。腰を引くとペニスは膣外に吐き出されそうになり、ペニスのカリの部分が膣の内壁をこすります。

「あぁんんん！」

姪が反応してまたのけぞります。再び腰を突き入れ、先端が子宮口に届くくらいに深々と侵入させます。

「あぁああ、すごい。すごくイイ。気持ちいい……！」

さらに、姪が反応します。私は深く浅く、ピストンを繰り返しました。

「ねえ、今度は、私が上になってもいい？」

返事を待たずに、姪が身を起こし、私は尻餅をつくようにして、彼女の半身を抱え上げました。私がそのままあおむけになると、騎乗位の格好になりました。

「私、これ、この体位、好きなの。ああ、あああぁあ！　敏感なところがこすれるし、深いの。深く入るの！　イイの……！」

姪は私の下腹部に跨《またが》って、腰をくねらせ、尻を振ってヨガリ狂いました。自分のペースで動けるので、快感もより増したようでした。ピストンはどんどん激しさを増し、姪の嬌声もそれにつれて激しさを増していきました。

やがて姪は腰を浮かせて、爪先立ちになりました。相撲取りがシコを踏むような格好で、そのまま腰を振ります。私は両腕を伸ばして不安定な彼女の尻を支えました。

ぱっくりと割れた女陰がペニスを丸呑みにしているのがよく見えました。

「あふぅんんん！　奥まで届くぅう！　気持ちいい！」

姪が私の手を取って、陰部へと導きました。ペニスを咥え込んで限界まで押し広げられた膣口の上、クリトリスです。

「ねえ、いじって。ここ、いじってほしいの……！」

私は促されるままに、敏感な肉の芽を指先でまさぐりました。膣口から溢れる愛液を指先ですくって、包皮をめくったクリトリスに塗りつけるようにしました。

「あん、あんん、あふぅうんん！」

指の動きに合わせて、びくびくと姪の体が痙攣します。彼女の痙攣は結合した箇所にも伝わり、ぎゅっぎゅっと陰茎を締めつけました。

「ああ、イク。イッちゃう。あひ、あひぃいいい！」

姪は一段階高い悲鳴のような声をあげてのけぞりました。

どうやら絶頂に達したようでした。びくびくと全身で痙攣したあと、がっくりと私の上におおいかぶさってきました。

「すごかった……。セックスって、こんなに気持ちいいものだったんだね……」

しばらくたってから姪が、ひっそりとした声でそう言いました。

あとで聞いたことですが、彼女も夫とはもう何年もセックスレスだそうで、久しぶりの行為だったようです。

私の腕枕で息をととのえながら、姪は私のペニスに手を伸ばしました。粘液に濡れたそれを、手指でぬるぬると弄んでいました。

そうしているうちに、いったんは縮んだペニスが再び力を取り戻そうとしていました。

「すごいね。叔父さんのコレ、すごく元気」

うれしそうにそう言って微笑むと、姪は半身を起こして、またフェラチオを始めました。

唇と舌で優しく愛撫されました。柔らかい口中の肉がペニスを包み込み、完全勃起するのに、それほど時間はかかりませんでした。

「ほら、もうこんなに大きくなった。すごく硬いよ！　このまま、また口の中に出させてあげようか？」

「いや、それよりも、もう一度しようよ。今度はセックスでイキたい。それでもいいかな？」

「悪いわけないじゃない」

姪は微笑んで、身を預けてくれました。私は彼女を四つん這いにさせました。腰から尻にかけての美しいラインを楽しみながら、私は背後に回りました。尻肉をわしづかみにして広げると、濡れそぼった女陰と肛門がのぞけました。天井の灯りを反射してつやつやと光る女性器は、深海に棲む軟体生物を想起させました。私は膝立ちになって背後からペニスを挿入しました。ぐいぐいと腰を押しつけ、最奥部まで侵入させます。

「あぁあぁあ、これも好き。これも気持ちいいの……！」

実は、後背位はかつて姉がいちばん好きだった体位でした。姉は犬猫のように四つん這いになって私に挿入させて、母親の鏡台に映る自分の姿を見ていたものです。人の尊厳をしばし忘れて獣のように行為にふけるというような意味があったのかもしれません。それとも思春期らしいナルシズムだったのでしょうか。

いまとなってはわかりませんが、とにかく私は、いまも昔も、夢中になって腰を叩きつけるだけでした。

「ああ、すごい。すごいよぉう！　叔父さん、すごいぃい！」

私の下腹部と姪の臀部がぶつかり合って、パンパンとリズミカルに軽快な音を立てました。

私はピストンをゆるめることなく、背後から腕を回して姪の乳房をつかんでもみしだきました。

「ああ、イイ。あああ、ねえ、ねえ、もっと、激しくして！　もっと強くもんで！　私のこと、もっともっと無茶苦茶にして！」

私はこわれるままに、ぎゅっぎゅっと握りつぶすくらいの勢いで乳房をもみしだき、勢い込んで腰を叩きつけました。

「ああ、イイの。すごいの！　また、イッちゃう！　またイッちゃうよぉう！」

姪がのけぞりながら尻を振り立て、膣を痙攣させて私のペニスを締め上げました。

腰の奥に射精の予感があり、私はあわてました。

「ああ、俺もイキそうだ。外に出すからね」

膣外射精のタイミングを計ろうとする私に、姪が首を振りました。

「大丈夫。このまま、イッて！　中に出して！」

そう言うと、姪はますます激しく腰をくねらせ、尻を振り立てました。

我慢できるわけもありません。私はあえなく果て、二回目の射精を迎えました。

「ああ、出てる。びゅって、出てるの、わかる。私のアソコの中が、叔父さんの精子でいっぱいになってる……！」

二回目ですから、まさかそんなに大量に出るとは思っていませんでしたが、どこにそんなに溜まっていたのかと思うくらい大量の精液を私は発射していました。

ふつうに自分でオナニーしたりして、それなりに出していたはずでしたが、言われてみれば女性の中に出すのは何十年振りでしたから、そういう意味では、ずっと溜め込んでいたのかもしれません。

夫とのセックスレス生活の憂《う》さを晴らしたい姪と、姉との行為の再現を通して思春期を取り戻そうとする私の利害の一致ということかもしれません。それでも私は姪との愛情生活に夢中になっています。

結局、姉との関係を姪が知っているのかどうかは確かめていません。暗黙の了解ということなのか、姪もそんな素振りを見せることはありません。

とにかく、ここに来て思いがけず幸福な生活が待っていたとは、人生とはおもしろいものだと感慨深い私なのです。

長年父親と肉体関係にあった叔母に強制的に勃起ペニスを挿し込み

谷口実　自営業　五十五歳

これといった大病もなく働いてきたせいか、ふだんはあまり年齢のことなど気にはしていませんでした。けれど先日、五十五歳になったときに、ふと自分の父親が亡くなった年齢になってしまったなと気づいたのです。

それは同時に、叔母の美穂《みほ》さんとの記憶がよみがえりました。

誰であれ、初体験の相手は忘れられないものです。私も美穂叔母さんのことを忘れたわけではありません。けれど、初体験の相手が血のつながった叔母ということに加え、経緯が経緯だけに、思い出しかけるとすぐに記憶の奥に押し込む習慣になっていました。

それでも、自分が父親のようにいつ死んでしまうかわからないと考えると、思いきって一度、誰かに打ち明けてみたい気分になったのです。

母親が突然の病気で亡くなり、地方都市の一軒家で父親と二人暮らしになったのは、一人っ子だった私が、まだ小学校に入ったばかりのころでした。それから半年ほど、母親のいない暮らしを送っていたのですが、悲しいとかさびしいとかの感情とは別に、生活上の不便さを子ども心にも覚えたものです。おそらく父親は、当時の私の数倍もそんな思いを感じていたことでしょう。仕事が忙しいときでも、父は私だけを置いて家を留守にできず、苦労していたと思います。

そんな事情から、週に二、三日のペースで私の世話をするため、家に出入りするようになったのが父親の三つ年下の妹、美穂叔母さんでした。

いつも車でやってくる美穂さんは、そのころもう四十手前だったのですが、結婚はしていませんでした。あとで聞いたところ、昔、税理士の事務所に勤めており、そのころは自宅でその事務所から受け取った書類を処理する仕事をしていたので、時間が自由になるのだと言っていました。

私としても彼女を以前から知っていたので、すぐに気を許すことができましたし、美穂さんも、ずいぶんと私を甘えさせてくれました。ただ、甘えさせてくれるだけではなく、ときには厳しく接してもきたものです。とくに、勉強を見てくれるときは、まるで厳しい家庭教師のようでした。

そのほかにも、授業参観に来てくれたことや、遠足や運動会のお弁当を作ってくれたこと、父親も含めて休日に三人で出かけてくれたことなども忘れられません。最初のころは、夜は自宅マンションに帰っていた美穂さんですが、互いにすっかりなじむと、家に来た日には空いていた部屋に泊まるようになっていました。

そのように彼女と過ごす時間も長くなると、美穂さんが家にいるのがごくあたりまえだと感じるようになり、完全とはいえないまでも彼女に母親と同じ感覚を抱くようになったのです。

そんな感覚を大きく変えたのは、私が中学に通いはじめたころの出来事でした。なんとなく寝苦しかったその夜、のどが渇いた私は水を飲もうと起き上がったのです。そのためには、父の寝室の前の廊下を通らなければならず、起こさないように足音を忍ばせてキッチンに向かいました。時間は午前三時ごろです。

水を飲んで、自室に戻ろうと廊下に出たとき、静かに父親の寝室のドアが開きました。てっきり父親かと思った私は、次の瞬間、立ちすくんだのです。出てきたのは父親ではなく、寝間着にしていた黒いコットンネグリジェ姿の美穂さんでした。

ちょうど、男女のそういったことを知りはじめた多感な年ごろです。セミロングの髪を乱れさせた美穂さんの横顔に何かを感じ、見てはいけないものを見てしまった思いの私は、無意識に息をひそめました。やがて、美穂さんが気づかないまま彼女が使っている部屋のドアを閉めた音を確認して、やっと私も自室に戻ったのです。

（まさか？　いや、オヤジと美穂さんは兄妹だし、そんなことするはずないよな。きっと、話でもしていたに違いない）

自分にそう言い聞かせて目を閉じたのですが、朝までなかなか眠れませんでした。

そしてその日から、私にとっての美穂さんは、母親代わりの叔母さんから、身近な大人の女に変わったのです。

実際、あらためて意識すると、美穂さんは女として魅力的でした。小柄でどちらかといえば幼い顔立ちに、豊満な体がアンバランスで、それがなんともいえない色香を放ち、若い私をひきつけました。

こちらがそう思っていることも知らない美穂さんは、いままでとまるで変わらず、無防備に体を近づけて私に接してくるのですから、こちらはたまりません。そんな夜は、美穂さんを相手に妄想して、何度となく自分を慰《なぐさ》め処理したものです。

そんな気持ちが高まるのに比例して、美穂さんと父親の関係がますます気になっていきました。あれから注意して観察していると、美穂さんが家に泊まった日は、父親の部屋を深夜訪れている気配があったのです。

それでもやはり、思い過ごしだと自分に言い聞かせました。美穂さんがそんなことをするなんて、信じたくない気持ちがあったからです。

そんなモヤモヤを抱えたまま十年ほどを過ごし、私が大学生のころ、一年間入院していた父親が亡くなりました。

美穂さんやほかの親戚の協力もあり、なんとか父親の葬儀や、それに伴うもろもろの後始末をすませることができました。そしてひと月ほどたって、ようやく落ち着きを取り戻したころの夕食のことです。

この間もずっと家に来てなにかと世話をやいてくれていた美穂さんが、珍しくワインを口に運びながら、しんみりとした口調で私に尋ねました。

「これからどうしようかしら？」

「どうしよう、って？」

「実《みのる》くんももう二十歳の大人だし、これからも私がここに通う意味があるのかなって思ったのよ。もちろん、何かあればいつでも相談には乗るけれど」

「確かに一人暮らししてる友だちも多いし、大学卒業まではオヤジの保険金があるから生活には困らないけど……」

そう言いながら私は、これで美穂さんとはめったに会えなくなってしまうのかもしれないというさびしさにとらわれました。同時に、五十を過ぎても女として魅力的な美穂さんに、父親との関係を確かめるのはいましかないと思いついたのです。

もちろん、ストレートに聞くのは気が引けました。それで、自分なりに考えてカマをかけました。

「ねえ、美穂さん。俺、知ってるんだよ」

「何を？」

顔を上げた美穂さんは、ワインのせいか頬をいくらか赤くしていましたが、何か思い当たっていたのでしょう、表情には明らかに動揺がありました。その様子から、長年抱いていた疑念が当たっていたと私は直感し、さらに踏み込んだのです。

「オヤジとのことに、決まってるじゃないか。もちろん、誰にも言ってないから安心していいよ」

「やっぱり、バレてたのね」

うつむいてしばらく黙り込んでいた美穂さんは、かすかに震える声でやっと言いました。

正直に言ってショックでしたが、秘密を握っているのはこちらのほうだという立場が、私を強気にしました。

「兄妹でしちゃうとか、たまに聞くし、事情もあるだろうから、責める気はないよ。でも、どうしてそうなっちゃったか聞きたいな」

また黙った美穂さんは、ワインを飲み干すと、やっと言いました。

「それは、私が女でお兄ちゃんが男だから」

「じゃあ、俺ともできるよね？　俺だって男だから」

「え？　それはダメ。私、あなたの叔母なのよ」

「でも美穂さんは、兄妹なのにオヤジとはやってたじゃないか」

少し長い沈黙が二人の間に流れたあと、美穂さんは横を向いてため息をつきました。

「わかったわ、先に自分の部屋で待っていて。シャワー浴びてから行くから」

まさか、ほんとうに受け入れてくれるなんて。

私は、ベッドで裸になり毛布をかぶっていました。

叔母であり、ずっと身近なあこがれの対象でもあった美穂さんを待つ頭の中は、もう真っ白で何も考えられませんでした。正確に言えば、何をどうすればよいのか混乱していたのです。なにしろ私は、女性経験がありませんでしたから。

やがてドアが軽くノックされると、こちらが返事をする間もなく、青いバスタオルだけを体に巻いた美穂さんが入ってきました。

「ほんとうにいいの？　私、実くんより三十も上なんだよ」

強張った表情で言った美穂さんに私は黙ってうなずき、体をずらしてベッドのスペースを空けました。

それでも、美穂さんはその場に立ちつくしたまま、念を押します。

「絶対に秘密にしてね。あなたのお父さんのことも」

「うん」

それでやっと、美穂さんは電気を消して、バスタオルを巻いたまま私の横にすべり込みました。それだけでもう興奮しきった私は、夢中で彼女のバスタオルをはぎ取りのしかかると、豊かで柔らかな胸にむしゃぶりつきました。

「初めてなの？」

耳元で言った美穂さんは、そっと手を伸ばして私の硬くなったものに触れました。

「うっ」

「あんまり乱暴にしちゃだめよ」

むしろ冷たい口調の美穂さんは、私の胸を軽く押して下になった姿勢から逃れると、

みほさん
逆に私を寝かせ、そのまま、私のものに口を近づけました。

「ううっ、美穂さん」

ぬるりとした温かい感触が、私のものを包み込みました。いまにして思えば、あまりじょうずとは思えないフェラチオでしたが、なにしろ初めての経験です。美穂さんにしてみれば、まだ十分に濡れておらず、このままでは挿入が無理だと判断しての行為だったのでしょう。ともかく、私のものは潤滑油《じゅんかつゆ》代わりの、美穂さんの唾液にまみれました。

それでやっと美穂さんは顔を上げましたが、私のものの根元を握ったまま、また自分が下になります。

限界まで硬く張りつめた私のものの先端を誘導し、あの部分にあてがった美穂さんは、相変わらずのかたい声で言いました。

「あわてないで優しく、ね」

私は美穂さんに命じられたとおり、慎重に腰を前進させました。

やはりうるおいが少し足りなかったのかもしれません、意外な抵抗感を感じながらも、私のものは美穂さんの中に侵入していきました。

「ううっ！」

「ああっ！」

私と美穂さんは、同時にうめき声をあげました。

「動いていいわよ」

無表情で目をつむり横を向いている美穂さんの言葉に従って、私は意識してゆっくりと、そしてぎこちなく腰を動かします。

意外だったのは体の柔らかな肉感から想像していたよりも、きつい感触の美穂さんの内部でした。下になっている彼女の表情もまた、どことなくよそよしいもので、童貞を卒業できた感激を味わいながらも、少し拍子抜けした私は冷静さを取り戻したのです。

それでもさらに、私は動きつづけました。

徐々に美穂さんの内部は柔らかく、そして熱さを増していくのがわかりました。彼女も濡れてきていたのでしょう、結合部分から聞こえていた、にちゃっ、にちゃっという肉がこすれ合う音も、いまでもはっきりと耳に聞こえるほどに響いていたのが印象に残っています。

私はもう一度、美穂さんの表情をうかがいました。

きつく目をつむり、歯を食いしばって何かに耐えている表情です。

（美穂さんも感じてる？）

一度はおさまりかけた興奮が急激にたかまった私は、優しくしてほしいという美穂さんの言葉を忘れて、深く激しく動きはじめました。

「あーっ！　ちょっと、それはだめだったら！」

突然、美穂さんが甲高い声をあげたその瞬間、彼女の内部が私のものにからみつくように急激に締めつけてきました。

「うわっ、俺もう出ちゃうよ！」

あまりの快感に我慢できなくなった私は、美穂さんの中に、たっぷりと注ぎ込んでしまったのです。

彼女から体を離し、そのまましばらく横になっていた私に、ティッシュを使いながら美穂さんは、哀願するように声をかけました。

「これで満足したでしょ？　私はもう帰るから」

ベッドからおりようとする彼女を、私は背後から抱きしめました。

「ずっと、ずっと我慢してたんだよ、美穂さん。たった一回だけで、満足なんかできるわけがないよ！」

なんとか私の腕をふり解《ほど》こうと抵抗する美穂さんでしたが、ただでさえ小柄なのに、男の腕力に勝てるはずがありません。

それに、いま出したばかりだというのに、若い私のものはすでに回復していました。強引に彼女を組み伏せ押さえ込んだ私は、なんとか挿入しようと突き立てます。

「もうやめて！　ね？　もうやめましょう？」

「なんで？　美穂さんだって感じていたじゃないか」

「こういのはお互いのためによくないわ。実くんには、もっと若くてふさわしい相手がいるわよ」

「いまは、美穂さんとヤリたいんだよ」

「でも、叔母と甥よ、そんなのやっぱりよくないわ！　一度だけよ、もう忘れなさい」

「でも美穂さんは、実の兄のオヤジと何度もヤッてたんでしょ」

そのひとことで、美穂さんの抵抗が止みました。

そのタイミングを逃さず、私は美穂さんの脚を開かせると一気に突き立てます。

「あーっ！」

悲鳴に近い喘ぎ声をあげた彼女に対して、一度射精した余裕から私は、最初から荒々しく動きました。

気がつくと、美穂さんは私の背中に腕を回しています。

「もう、だめよ！　こんなのだめだったら！」

喘ぎ声の合間に、何度もそう言いながら、美穂さんが自分から腰を突き上げていることに気づきました。

(女って不思議なものだな、口ではあれこれ言っていても、いざセックスとなると別人になってしまうなんて)

頭の片隅でそんなことを思いながら、私は早くも二度目の射精を迎えたのでした。

それでも若い私は満足できず、結局、朝まで合計で四回も犯したのです。

それからも、しばしば美穂さんを呼び出しては、半ば強引に関係を持ちました。

罪悪感からでしょうか、いつも最初は抵抗する素振りを見せた美穂さんでしたが、一度火がつくと結局は自ら私を求めるのでした。

けれど、そんな関係も半年ばかりで終わりました。私が知らない間に準備を進めていた美穂さんは、行き先も告げずに引っ越してしまったのです。

そのときになって、やっと彼女が罪悪感と女の欲望の間で深く苦悩していたことを知った私は、消息を追いませんでした。いまでも、美穂さんがどこでどんな暮らしを送っているのかわかりませんが、それでいいと思っています。

〈第二章〉

義父の肉幹に奪われた禁断の破瓜

母が旅行で留守にした夏休み直前
酒癖の悪い義父に奪われたバージン

高城隆子　介護士　五十四歳

この体験談は三十年以上前の話であり、自分の気持ちを整理するために告白する気になりました。とても忌《い》まわしい内容なので、家族にはもちろん、友人や知人にもいっさい話しておりません。

当時の私は、介護士になるための専門学校に通っておりました。

両親は私が小学二年生のときに離婚し、看護師の母が女手一つで育ててくれたのですが、高校を卒業してから程なくして一人の男性を紹介されました。

彼はトラックドライバーで、当時は六十歳だったと思います。

私にはファザコンの気があり、逞しくて優しい人柄に好感を抱き、再婚にも賛成しました。

彼は本当の父親のように接してくれ、一年が過ぎるまでは充実した毎日を送っていたのですが……。

忘れもしません。夏休みに入る直前、母が友人との旅行で留守にしたときのこと。深夜に仕事を終えて帰宅した義父が突然私の部屋に入ってきて、寝ている私におおい被さってきたんです。お酒の匂いがしていたので、かなり酔っぱらっていたのだと思います。

「やめて！」

と必死に訴えたのですが、聞く耳を持たず、そのまま犯されてしまいました。

バージンだった私は泣きじゃくるばかりで、義父は「ごめん」とひと言だけ残して出ていったのです。

それからというもの、怖くて母に伝えることができず、友人にも相談できないまま悩む日々を過ごしました。

義父とはなるべく顔を合わせないようにし、後悔していたのか、彼のほうから言葉をかけてくることもありませんでした。

襲われた日からひと月が過ぎ、悲しむ母の顔を見たくないという思いから、私一人の胸に納めたほうがいいと考えるしかなかったんです。

専門学校を卒業したら家を出る決心をし、あと数カ月の辛抱、悪夢は早く忘れなければと自分自身に言い聞かせました。

そして母が急遽、夜勤に出かけた日の夜、義父はまたもや野獣の牙を剝き出しにしてきたんです。

お風呂から上がったところで、仕事に出ていたはずの義父が真っ赤な顔をしてたたずんでいました。

「……ひっ」

「そんな声、出さないでくれよ。反省してるんだからさ」

酒臭い息が頬にまとわりつき、一瞬にして鳥肌が立ちました。

もう、この家にはいられない。友人の家に避難しなければ。そう考えたものの、あまりの恐怖から足がすくんで一歩も動けませんでした。

「風呂上がりか。いい匂いがするじゃないか」

「や、やめて……」

「まだ、何もしてないだろ」

目が完全に据わっており、赤鬼のような顔に私は泣きそうになりました。

いまにして思えば、彼は酒癖が悪かったのでしょう。アルコールが入ると、性欲が抑えられなくなるのか、ふだんの朗《ほが》らかな性格の彼とはまったくの別人にしか見えませんでした。

「ど、どいて……ください」

「どかんよ」

「どうして、こんなことするんですか？」

「隆子《たかこ》ちゃんが、かわいいからいけないんだよ」

「やっ」

義父は私に抱きつき、首筋に唇を這わせました。そして背中やヒップを手のひらでなで回し、股間のふくらみを腰に押しつけてきたんです。

「は、母に言いつけます！」

金切り声で訴えると、義父は手を離して苦笑しました。

「そんなことされたら、離婚されちゃうよ」

「だったら、やめてください」

「わかったよ。もう、無茶なことはしない。そのかわり、ちょっとさわるぐらいだったら、いいだろ？　おこづかい、たっぷりあげるからさ」

「あ……やっ」

彼はまたもやお尻をさわり、パジャマズボンのウエストから手を入れてきました。

手首を押さえて必死に抵抗したのですが、逞しい義父の力にはとても敵《かな》いません。ゴツゴツした手がショーツをかいくぐり、指先はあっという間に女の中心部に到達していました。

「な？　欲しいものは、なんでも買ってあげるから」

「い、いやぁぁっ」

敏感な箇所をクリクリといじくられ、とたんに心地いい感覚が背筋を這いのぼりました。

「ふふっ、ふっくらしてて、抜群の手ざわりだな。ここか、ここが感じるんだな」

信じられないことに、指先が跳ねるたびに快感が上昇し、両足がガクガクと震えてしまったんです。心では拒絶しているのに肉体は快感を覚え、あのときの私は矛盾した状況に困惑するばかりでした。

「おっ……なんか、いやらしい汁が出てきたぞ。気持ちいいのか？」

「そんなこと……ありません」

「体は正直だぞ。ほら、この音、聞こえるか？」

下腹部からくちゅくちゅと卑猥な音が洩れ聞こえ、その瞬間に全身の血が逆流する思いでした。

自分の体に、いったい何が起こったのか。義父にひどいことをされて感じてしまうなんて、変態なのではないかと思ったほどです。

指の動きはますます速くなり、そのうちに全身が心地いい浮遊感に包まれました。

「おお……頬を真っ赤にさせて、いやらしい顔だ。このまま、イッちゃうんじゃないか？」

「ふっ、ふっ、やぁぁっ」

「いいんだぞ、我慢しなくて。気持ちいいなら、そのままイッちゃっても。ほれ、ほれっ！」

太い腕が大きなスライドを見せた直後、なんと私はそのままエクスタシーにまで導かれてしまったんです。

「はっ、ふっ、んぅっ」

意識が朦朧《もうろう》とし、前のめりになった私を義父はしっかり支えました。

そのあとはお姫様抱っこされ、私の部屋に連れていかれたようですが、記憶は定かではありません。

気がついたときにはベッドに寝かされ、パジャマズボンとショーツを剝ぎ取られていました。

「……あ」

「たっぷり気持ちよくさせてやるからな」

上着のボタンもはずされており、乳房が剥き出しになっていました。

あわてて身を起こして逃げようとした瞬間、手のひらが乳房を引き絞り、人差し指で乳首をクリクリされました。

「ん、ふっ」

お恥ずかしい話なのですが、たったそれだけの行為で、あそこからまたもや愛液が溢れてしまったんです。

「いやっ、いやっ」

「いや、じゃないだろ。こんなに濡らしといて」

義父はすでにしこっている乳首を甘噛みし、はたまた舌先で転がし、右手を股のつけ根にすべりこませました。

「ひっ、ぃう」

いったんは収まりかけていた情欲が再び燃え上がり、顔がカッカッとほてりだしました。

「いいんだぞ、無理をしなくて。もっと、自分に正直になれ」

「だめ……だめ」

快感電流が肌の表面をさざ波のごとく走り、自分の意思とは無関係に背中が反り返りました。

目の前が霞《かす》み、ただ天井をぼんやり見つめることしかできなかったんです。

「あ、あ、あ……」

「ふふっ、足が突っ張りはじめたぞ。またイキそうなんだな」

「く、くうっ」

クリトリスを強烈にくじられた直後、頭の中が真っ白になり、二度目のエクスタシーに達しました。

快楽の余韻がドッと押し寄せ、身も心もとろけるような感覚にひたっている間、義父は自分の衣服を脱ぎ捨てていたようです。

汗臭い匂いがプンと香りたち、目をうっすら開けると、股間からニュッと突き出たペニスがビンビンと跳ねていました。

「……あ」

「ほら、隆子ちゃんがエッチな姿を見せるから、こんなになっちゃったんだぞ」

パンパンに張りつめた亀頭、えらの張ったカリ首、コーラ瓶のように太い胴体を、私は食い入るように見つめました。

処女を奪われたときは照明が消えていた状況だったので、義父のいやらしく勃起した男性器を間近で眺めるのは初めてのことだったんです。

「このチ○ポが、隆子ちゃんのおマ○コの中に入ってたんだぞ。信じられるかい？」

首を小さく横に振る合間も、視線がペニスから逸《そ》れることはありませんでした。

「さわるだけの約束だったな。今度は、隆子ちゃんが好きなようにしてごらん」

義父はそう言いながらニヤリと笑い、私の真横に寝そべりました。

あのときは、正常な判断能力をなくしていたとしか思えません。私は身を起こし、逞しいペニスをしげしげと見つめたあと、しなる胴体に指を絡ませました。

「お、おおっ」

義父はさもうれしそうに喘ぎ、顔をくしゃりとゆがめました。

「た、隆子ちゃんの指、すごく気持ちいいよ」

手のひらに伝わる脈動、焼けた鉄のような感触に私は呆然《ぼうぜん》としました。

「チ○ポ、さわるのは初めてだろ？　どんな感じ？」

「熱くて……硬い」

「男は昂奮すると、みんなそうなるんだよ。上下に、ゆっくり動かしてごらん」

言われるがまま指を一往復させると、尿道口からとろっとした透明の液体がにじみ出ました。

「……あ」

「我慢汁だ。男も、女と同じく濡れるんだよ」

初めて目の当たりにした男の生理に、胸が妖しくざわつきました。

同時に体の芯も熱くなり、私は無意識のうちに指の動きを速めていたんです。

「おっ、自分からしごいちゃうんだ？」

義父の言葉に恥じらったものの、懸命にしごいていると、滴《したた》り落ちた粘液が指のすき間にすべりこみ、にちゅくちゅといやらしい音が響きました。その音を聞いているだけで変な気持ちになり、あそこがジンジンとひりつきはじめました。

「俺の足を跨《また》いで、しごいてごらん」

なぜそんなことをさせるのか、疑問が頭をかすめたものの、私は彼の指示に拒否することなく、丸太のような左足を跨ぎました。そして、一心不乱にペニスに指をすべらせていったんです。

「む、むっ……そんなに激しくしたら、イッちゃうよ」

もしかすると、犯される前に射精させようという心理が無意識のうちに働いたのかもしれません。

「あ……んっ」

やがて股間の中心に予期せぬ快感が生じ、甘ったるい声が自然と口から洩れました。

義父は足をくの字に曲げ、爪先で女の園に快美を吹きこみはじめたんです。

「やっ……んぅぅっ」

女肉をゆったりかきくじられ、私は知らずしらずのうちにヒップをくねらせていました。

「はあはあっ」

「またスケベな顔になってきたな。いいんだぞ、しゃぶりたいならしゃぶっても」

当時の私は、フェラチオなんて不潔なマネはとてもできないと考えていました。しかも義父は、仕事帰りでシャワーを浴びていないのですから、なおさらのことです。

汗の匂いが鼻をツンと突き刺し、思わず顔をしかめたのですが、口の中にはなぜか大量の唾液が溜まり、のどを何度も鳴らしました。

「唾をたくさん垂らして、おしゃぶりするんだよ」

普通の状況なら絶対に拒否していたと思いますが、彼の爪先は相変わらず敏感な箇所を刺激し、もはや正常な思考は少しも働きませんでした。

私は指示どおりにおチ○チンに唾液をいっぱい滴らせ、亀頭をペロペロと舐め回しました。

「おおっ……気持ちいい。隆子ちゃん、なかなかうまいじゃないか。今度は少しずつ咥えてごらん」

しょっぱくて苦みがすごいし、ペニス自体がとても大きくて無理だと思ったのですが、このときには性的好奇心のほうが勝っていたのかもしれません。

口を目いっぱい開いてペニスを呑みこみ、気がつくと顔を打ち振っていました。

「んっ、んっ、んっ」

「おっ、おっ、くうっ」

口の中でのたうち回るペニスに息を詰まらせる一方、頭の芯がジンジンしびれ、快感がゆるみなく上昇していきました。

「いやらしいフェラをしおって！　も、もう我慢できん」

「……あ」

義父はペニスを強引に抜き取り、獣のようにのしかかりました。

約束が違うと思ったのも束の間、指でクリトリスをいじり回されると、そんなことはもうどうでもよくなってしまったんです。

彼は私をベッドに押し倒し、足を目いっぱい広げ、分厚い舌であそこをベロベロ舐め回しました。

とたんに凄まじい快感に見舞われ、はしたない声を盛んにあげていました。

「はっ、やっ、んぅ、はあぁぁっ」

頭の中が真っ白になりはじめたころ、義父は身を起こし、ペニスの先端を割れ目にあてがいました。

「……あ」

「入れるぞ」

「く、くうっ」

バージンを喪失したときの痛みがよみがえり、身が裂かれそうな圧迫感に歯を食いしばるも、義父は情け容赦なく腰をグイグイと突き進めてきました。

「力を抜くんだ。それじゃ、いつまでたっても痛いだけだぞ」

「やぁあっ」

「唾と愛液でたっぷり濡れてるんだ。ちゃんと入るから、力を抜けっ」

「……ひっ」

腰のあたりをパシンと叩かれて脱力した瞬間、ペニスは膣口を通り抜け、奥に向かって埋めこまれていきました。

「ひぃうっ」

「ほうら、入った」

初体験のときと比べると強烈な痛みこそなかったのですが、圧迫感がとてつもなく大きく、私はまともに息をすることすらできませんでした。

「むうっ、チ○ポをギューギューに締めつけとる」

義父は吐き捨てるようにつぶやき、本格的なピストンで膣肉をかき回しました。

「あ、あ……やぁ」

「そのうち気持ちよくなるから、我慢しろ」

両手でシーツを引き絞り、下腹部の違和感に耐えていると、次第にピストンがスムーズになり、同時にかすかな快感が生じました。

「ふふ、愛液がまた溢れてきたな」

認めたくはなかったのですが、愛液が溢れ出るのを自分でもはっきり自覚できました。体の奥底から熱い潤《うる》みが溢れ出し、快楽は逞しい腰が速度を増すたびにどんどん大きくなっていったんです。

「あ、あぁあぁっ」

ビデオの早回しのようなスライドに、体が上下に激しく揺さぶられました。

快感が全身に広がり、目から熱いしずくがぽろぽろこぼれました。

痛みからではなく、あまりの気持ちよさからむせび泣き、感動にも似た気持ちにひたっていたんです。

「んふっ、んふっ」

「どうだ、気持ちいいか？」

舌がもつれ、義父の問いかけに答えることすらできず、やがて天国に舞いのぼるような感覚が襲いかかりました。

「くうぅっ！」

激しいピストンで膣肉をこすられ、亀頭の先端で子宮口を叩かれ、私は一気に頂点への階段を駆けのぼりました。そして義父の首に両手を回し、恥骨を押しつけて、ヒップをわななかせたんです。

「む、むうっ」

「……ひっ」

直後に彼はドスンと鋭い突きを繰り出し、膣からペニスを引き抜いて、お腹に大量の精液を放出しました。

私は体の痙攣が収まらず、失神状態に陥ってしまったんです。

義父は味をしめたのか、母の目を盗んで何度も部屋に忍びこみ、私自身も拒絶する気は完全に失せていました。

本音を言えば、罪の意識以上に女の悦びに目覚めてしまったんだと思います。

結局、義父との関係は母に知られることとなり離婚。母との関係も悪くなり、私は介護士になると同時に家を出て、自活の道を歩みました。

その後、いまの夫と結婚し、二人の子どもを育て上げてからデイサービスの施設に復職しました。

義父は亡くなったのか、まだ生きているのか。

高齢の男性と接するたびに、ふと思い出してしまうんです。

マゾッ気ムンムンの豊満な還暦義母と妻に内緒でソフトSMに溺れてしまい

村田壱次　公務員　五十五歳

七歳年下の妻の実家でお義母《かあ》さんと同居するようになり、十年と少しがたちました。義父が早くに亡くなっており、結婚する際に妻が「お母さん一人じゃ心配だから」と実家暮らしにこだわったのです。

同居を始めたとき、お義母さんはまだ還暦を迎えたばかりでした。いまでこそ目尻のしわがかわいらしい「ばあば」として孫たちのマスコットになっているお義母さんですが、そのころの彼女は義息の私から見ても色っぽく、現役のオンナ感がありました。

童顔で細身の妻とは違い、ムチムチと肉感的で肌に張りもあり、一般的な美人でこそないものの、ぽってりと唇が厚く男好きのする顔だち……本人も自分の魅力を十分意識していたように思います。

実際、当時まだ四十代半《なか》ばで腹も出ていなかった私を異性として見てくれていたのか、家の中でも化粧をしていて、「ママったら自分が結婚した気になってるみたい」と妻にからかわれたりしていました。

そんなときも照れながらしきりにしなを作ってチラチラとアピールをしてくるのです。それはけっして私の自意識過剰などではありませんでした。

私は私で、初めて感じる年上女性の魅力に少なからず心を揺らされており、何かにつけてオンナを出してくるお義母さんのことをよく観察していましたし、実を言うと妻には言えない種類の「アレコレ」が、同居して間もないころからちょこちょこあったりもしたのです。

それはたとえば、ボリューム感のあるバストやヒップをさらに強調するようなお義母さんの仕草に興奮してついじっと見てしまったり、そのことをお互いに意識しているのをさり気ない視線や気配で悟り合ったり、会話の際のボディタッチを多めにしたりといったことでした。

大したことではありませんが、そうしたことの一つひとつが絶妙にほどよくスリリングで、義母と義息の間に引かれた一本の線にギリギリまで近づいたり離れたりするというゲームをしている感覚がありました。

言うなれば第二次性徴期の少年少女がしているようなじれったい交流の大人版を理性的に楽しんでいたわけです。

それには私たちの生活サイクルも味方していました。

公務員の私は一般企業で働く妻よりも早く帰宅するため、お義母さんと二人きりになる時間が毎日あり、妻が考えていたよりもずっと早くからお義母さんと打ち解け合えていたのです。

もちろん、だからといってお義母さんに不埒な真似をしようなどと本気で思ったことはありませんでした。

あくまで日常におけるちょっとしたスパイスとしてやり取りを楽しんでいたのであり、せいぜいがオナペットにする程度で、またそれはお義母さんも同じだと思っていました。

しかし「絶妙にほどよくスリリング」というのは、つまるところはいつ崩れてもおかしくない危ういバランスでしかなかったようです。

そこにあるはずのしっかりとした理性がまったく頼りないものだったと気づかされたのは、自分としてはコントロールできると思っていた衝動があっさりと暴走してしまってからでした。

ある土曜日の午後のことでした。私は休みで妻は半日出勤でした。私は一通りの家事を終えたお義母さんと居間でテレビを観ていました。

画面には健康番組が映っていて、「骨盤のゆがんでいる人は目を閉じて足踏みをしたときに少しずつ移動して立ち位置が変わってしまう」という症例の実演コーナーをやっていました。

「お義母さん、これやってみませんか」

ふとしたアイデアがひらめいて、私は声をかけました。

いまにして思うと十分に「不埒な真似」だったのですが、この日のお義母さんは胸の谷間がのぞけそうな深いVネックの薄いニットに膝上丈のひらひらしたスカートをはいていたので、目を閉じさせてじっくり見てやろうと思ったのです。

「ここから出たらダメですよ」とテレビと同じように、床にセロテープで円を描き、思いつきで「ズルしないように目隠しをしましょう」と、私がふだん使っているネクタイで目隠しをしました。

お義母さんは少し驚いた様子でしたが、すぐにワクワクした雰囲気を出しておとなしくネクタイの目隠しを受け入れてくれました。

私は「こっちですよ」とお義母さんの肩を持って円の上へ誘導しました。

このとき、手のひらでお義母さんのムチムチとした肉感を楽しみ、至近距離から胸元をのぞき込みました。

不埒な作戦は大成功でした。

私は足踏みをするお義母さんの大きなバストが揺れているのを存分に目で楽しみ、何度かは声を立てずに床へ手をついてスカートの中までのぞき込んだのです。

生白いムッチリとした太もものさらに奥、グレーのパンティがお義母さんの下腹部にピチッと張りついているのを見た瞬間は、思わず舌なめずりをしてしまうほど興奮しました。

私の理性のタガはこの時点でもうゆるみきってしまっていたのだと思います。

股間のものもジャージの内側で痛いほど硬く漲《みなぎ》っていました。

ただし、そうした変化は私だけに起きたわけではないようでした。

何かを察したからか私のさわり方が露骨だったからか、お義母さんのほうも頬が上気し、肌は汗ばみ、足踏みが終わると「どうしよう、転んじゃいそう」と、目隠しをいいことにしがみついてきたりしたのです。

お義母さんは明らかに高揚していて、はしゃいでいるように見えました。

こうなると私もついつい調子に乗ってしまうのを自制できなくなりました。

目隠しをしてからの反応を見ていると、どうもお義母さんにはマゾッ気があるように思われました。ビジュアル的にもやけにしっくりきているのです。

そこでまた不埒なアイデアがひらめきました。

私はお義母さんが目隠しを取ろうとしたのを「まだダメですよ」と制し、「だいぶ円からハミ出してしまいましたね。ぼくがどこかで聞いたところでは、骨盤を矯正するには腕を振らないように足踏みするのがいいみたいですよ」と耳にウソを吹き込みました。

丸わかりのウソだからこそ、お義母さんがどう受け止めるかが見ものでした。

「だから両手を縛りましょうね、お義母さん」

言いながら私はお義母さんの左右の二の腕をグッとつかむと、押し戻すようにして彼女を円の中に戻しました。

「そうなのね……じゃあ……」

返事を聞いた私が思わずニヤリとしたのも無理からぬことです。

私はこれを使おうと目をつけていたテーブルの上のエプロンを細く絞って紐状にし、

お義母さんの腕を後手に縛り上げました。

両手首を一つにくくったあと、左右の二の腕を絞るようにして固定しました。グッと締めたときにお義母さんが「んっ」と声を洩らし、小さく肩をふるわせました。そして、私に言われるがまま再び足踏みを始めたのです。

なんとも言えないみだりな情景がそこにはありました。

目隠しをされ、後手に縛られた六十路の熟母が、顔を赤くしながらバストを揺らして足踏みをさせられているのです。

「またハミ出したから少し戻りましょうね」

今度はお義母さんの背後からウエストに手を当てて円の中に戻しました。

その際、半ば衝動的にお義母さんのお尻へ股間の突起を触れさせました。

お義母さんは当然気づいたはずですが、何も言わずに再び足踏みを始めました。

たまらない時間が流れる中、私の胸に、次はどんなことをしてみようかというゾクゾクするような興奮が込み上げてきました。

しかし一方では、そろそろいい加減にしないとさすがにマズいなという冷静さも盛り返しはじめていました。

それでも私は強引に楽観を決め込み、言外にいろいろな意味を込めて「このあとは、お義母さんの骨盤をマッサージしましょうか」と言ったのです。

お義母さんは私の言葉に「うん」と小さくうなずきました。

このとき、妻の車が駐車場に入ってくる音がしなかったらどうなっていたか……。

あるいはほんとうにマッサージだけにとどまり、こんな告白を書くこともなかったのかもしれません。

わざわざ含みのある書き方をしたのは、ご想像のとおり、やはり理性が保たれることはなかったからです。

翌週の月曜日のことでした。

帰宅した私は、肩の出た薄紫色のワンピースを着たお義母さんと目が合うなり、彼女の切なく潤《うる》みきった瞳に激しく動揺させられました。

三十路や四十路の女ではとても出せない、ネバネバと絡みついてくる色気が、お義母さんの全身から陽炎《かげろう》のように立ち上っていたのです。

とても素通りすることはできませんでした。

「骨盤、マッサージしましょうか？」

見えない糸で操られるようにお義母さんの目の前に立って言うと、お義母さんが私のしているネクタイをつかみ、「またこれで目隠しして、縛って……」と怖いほど妖《よう》艶《えん》な顔で言って、私に口づけをしてきました。

あらがえなかったことは言うまでもありません。

お義母さんの厚い唇を強く押しあてられながら口内に舌を挿し込まれ、私はたちまち昂《たかぶ》りを覚えて、お義母さんを抱きしめながら自分も舌を動かしました。

弾力のあるバストが私の胸でひしゃげ、押しつけあった下腹部では硬くなったものをお義母さんの恥骨でグリグリと刺激されました。

こんなことをしていいはずがないとわかっているのに、手や舌が勝手に動き回り、私は全身でお義母さんの肉感的なボディを味わっていました。

「んんっ……むうぅっ……」

お義母さんの絞り出すようなうめき声とともに、ムンムンと甘いフェロモンが立ち昇りました。

私は夢中になって光沢のある生地越しのバストを揉みしだき、もう一方の手でヒップの肉をわしづかみにして持ち上げるように引き上げました。

「ずっと思ってました……お義母さんの体……いやらしすぎます……」

一度唇を離してそう言い、また口づけをしました。

するとお義母さんの手がスッと下りて私の股間のふくらみをなでさすってきました。

互いに息を弾ませ、私たちは抱き合ったまま玄関から居間へとジリジリ移動していきました。

「また縛ってほしいんですか？　目隠しも？」

瞳をのぞき込みながら聞くと、お義母さんは「お願い……」とかすれた声で言い、自ら腕を後ろで組んで私に背中を向けました。

興奮のためか肩が小さく上下しています。

「よろこんで縛りますよ」

私は背広を脱いでネクタイをはずし、まず目隠しを施しました。そしてまたエプロンを使って後手に拘束していきました。

「こんなこと、ずっとされたいと思ってたんですか？」

背後からバストをつかみながら耳元でささやきました。

するとお義母さんは「あぁっ……意地悪……」と切ない声をあげ、のどをそらせてガクガクと膝をふるわせました。

「おっと、転んだら危ないですからね」

私はすかさず片手をすその内側へとすべり込ませ、太ももつけ根に指先を差し込んだ格好でお義母さんの体を支えました。

お義母さんのムチムチの内腿は、すでに汗とは別の液体でヌルヌルになっていました。

豊潤《ほうじゅん》を極めたかのような六十路の性感に圧倒される思いでした。

「あっ……あっ……」

お義母さんが髪を振り乱しながらうろたえた声を発して腰をもじつかせました。

私はパンティ越しにクニクニと陰部を刺激し、ワンピースの胸元に手を突っ込んでブラをずり下げるなり、乳首を指の股で挟みこみました。

手に余る大きな乳房をすくい上げるようにして揉み回し、股布の窪みをなぞるようにかき、耳に舌先を差し込みました。

「あぁっ……そ、そんなことされたら……おかしくなりそう……」

お義母さんが目隠しされたままの顔を天井に向けてかすれた声をあげ、何度も尻を落としかけました。

「もう立ってられませんか？　それなら、怪我をしないようにゆっくり……」

次にしたいことを思いついた私は、そう言ってお義母さんに膝をゆっくり曲げさせました。

そして膝立ちになったところで、カチャカチャと音を立てて自分のズボンのベルトをはずしていきました。

お義母さんがその音に敏感に反応し、気配をうかがっているのがわかります。

私は硬く反り返ったイチモツを取り出すと、お義母さんの肩を押さえたまま彼女の前に回り込み、濡れた先端を唇に近づけていきました。

相手は義理の母親なのだと思うと自分のしていることの罪深さに気が遠くなりそうでした。しかし、それがたまらないのです。

「これ……ぼくの気持ちです……」

私が言うのと同時にお義母さんが唇を開いて先端を口の中に含みました。そしてそのまま首を前に傾け、まったりとスロートを始めました。

視界を奪われ、後手に拘束されたまま、お義母さんは頰をすぼめ、舌をなまめかしく動かしてきました。

「うはぁっ」

思わず私の口からも吐息が洩れました。

頭までしびれてくるような快感の中、私は対抗するように、モノをしゃぶらせたままお義母さんのワンピースを首元までたくし上げ、両の乳房を露出させて先端を指でこねくり回しました。

「あおんっ……むむぅっ……」

眉根を寄せたお義母さんが濃茶色の乳首をピンピンにとがり立たせて辛そうに悶《もだ》えます。その肌には玉の汗が浮かび、立ちのぼる甘い匂いもどんどん濃くなってくるようでした。

濃厚なスロートに追い込まれかけた私は、いったん大きく腰を引き、「約束どおり骨盤のマッサージをしましょう」と、お義母さんの体をゆっくり後ろへ倒していきました。

後手の結び目が痛くないように座布団を敷いて寝かせたあと、あらためてお義母さんの姿を見おろしました。

Gカップくらいはありそうな生白い大きな乳房、まくれ上がったすその下に白いパンティをピッチリと張りつかせた腰回り、恥ずかし気によじり合わせたムチムチの太もも……首筋の汗や頬にかかったほつれ毛も相まって、その姿は凄みすら感じられるほどに淫靡でした。

「すばらしい眺めですよ、お義母さん……」

私はそう言ってお義母さんの足元にしゃがみ込み、左右の足首をつかんで一気に両側へ開かせました。

「ああっ、は、恥ずかしいわ！」

とっさに手で股間を覆おうとしたようですが、あいにくと両手は縛られています。

お義母さんが内股になろうとするのをM字に開脚させることで制し、私はそのまま身を屈めてパンティに鼻を突っ込んでいきました。

「あぁっ、いやっ……待って！」

為す術《すべ》もなく叫ぶお義母さんのそこをクンクンと嗅ぎ、「いい匂いがしますよ」と言ったあと、すでにシミの浮き出ている股布をベロンと舐め上げました。

「あはぁっ！　いやっ、いやあぁっ！」

言葉とは裏腹に、それはどう見ても喜悦の反応でしかありませんでした。

私は歯と鼻先でパンティを横に分け、露出させた性器に唇を近づけていきました。

至近距離で見るお義母さんの性器は陰唇が小さく、形状は楚々として見えました。

しかし妻に比べるとずっと黒ずんでいて、しかも愛液の量がおびただしいため、ヌラヌラと照り光るように独特の迫力がありました。

「なんて卑猥なオマ○コなんですか……お義母さん」

じっくりと眺めたあとに私は言い、愛液を掬い取るように舐め、クリトリスに吸いつき、膣口に舌先を差し込み、時に音を立てて愛液を吸いました。

視線を上げると、お義母さんは背を反らせて乳房の先端をピンッと立てながら、ヒクヒクと下腹をふるわせていました。

それは恥ずかしさと快感の狭間で悶絶《もんぜつ》している姿でした。

「こんなに濡らして……気持ちいいんですね？　お義母さん」

「ううぅうぅっ」

返事の代わりに骨盤がクイクイと傾き、低くうめくような声が聞こえてきました。

私は性器から口を離して首を持ち上げ、今度は指を挿入しました。灼熱の膣口に二本の指がヌルリと呑み込まれていきます。

伸び上がってよく見ると、お義母さんは体の下に敷いた座布団の端に嚙みついて声を押し殺していました。

「我慢しなくたっていいんですよ。ほら、ほら、ご希望の骨盤マッサージです」

私が指を動かしてGスポットを刺激しはじめると、お義母さんは「ぐっ」とのどを鳴らすなり、座布団の端の毛を嚙みちぎって頭をめちゃくちゃに振り回しました。

「ああぁっ、だめっ……あはぁぁっ、も、もう……！」

縛られたままの二の腕を広げようとしてできず、目隠しされたままの顔をこちらに向けて「お願い、ダメ！」と訴えかけてきました。

「気持ちいいのに遠慮することないじゃありませんか」

私は言いざまに指先で膣の天井をグリグリと押し上げました。

ふだんの私はけっしてサディストなどではありませんが、お義母さんのいじらしい態度を見ていると、どういうわけかとことん苛めたい気持ちがわき上がってくるのです。

「イクッ！　イクうーっ!!」

甲高い声で叫んだお義母さんが、両脚をピーンと伸ばして、そのままブルブルとわななきました。

「ぼくのマッサージにはまだ続きがありますからね」

私はお義母さんのパンティを剝きおろし、脚から抜き取ると、ちょっと迷ったあとで丸めたそれをお義母さんの口に突っ込みました。

確信があったわけではありませんが、そのほうが喜んでもらえる気がしたのです。

「ぐむっ……むうっ……」

激しい絶頂に達して脱力状態にあったお義母さんは、おとなしく口にパンティを咥え込みました。

マッサージの続きがなんであるかは言わずもがなです。

私は下半身だけ裸になると、あえてお義母さんをうつ伏せになるように転がしました。

「お尻を上げてください。ほら!」

尻たぶを手のひらで軽く叩くと、お義母さんが「むっ」とうめいて従いました。

バストも特大ですが、こうしてみるとヒップもすごい迫力です。

「これはほんとうに……芸術的にすばらしいボディですよ……なんていやらしいんだ……」

たまらず笑みがこぼれました。

後手に縛っていることで体のラインに緊張感が出て、腰の反り方やくびれ方、首の角度や手指の先端まで女体の美しさが驚くほど表われ出ているのです。

私は両手でお義母さんの左右の尻肉をつかむと、イチモツの先端で膣口を探っていきました。

この段階でも、心のどこかにははっきりと罪の意識がありました。しかしすでに動きはじめている自分の体を止めることはどうしてもできませんでした。

「むふぅっ……うんっ……うぅぅっ……」

膣口の的をはずすたびにヌルンッ、ヌルンッと亀頭が跳ね、お義母さんが辛そうに腰をもじつかせました。

「動くとなかなか入りませんよ。じっとしてください……ほら……ここだ……」

クチュウッと音を立てて埋没していくイチモツが、たちまち灼熱の粘膜に包み込まれました。

お義母さんが太いうめき声を洩らしながら尻肉をふるわせ、両手をギュッと握り込みます。

「うむっ、これは……いい締まり具合だ……」

初めて挿入した還暦の性器は、お義母さんがもう何年も未通状態だったこともあるのでしょう、まるで処女のそれのようにきつくすぼまっていました。

それでいて襞の一つひとつは掘りが深く発達していて、しかも抜き差しのたびにザワザワと敏感にうごめくのです。

お義母さんの耳は真っ赤でした。まだ抜き差しを始めてもいないのに、必死に快感から逃れようとしているように見えました。

しかし私は容赦なく責め込みました。

楕円に広がった大きなヒップを平手で打ち叩きながらリズミカルにピストンを繰り

出し、時に背中に密着して乳房を握りしめました。

締まりのよさと興奮が混ざり合い、妻と営んでいるときよりも早く限界が近づいてきてしまいます。

「またお義母さんの顔が見たくなってきましたよ。それに、声も聞きたいです」

お義母さんが大きな絶頂に達したところでいったんイチモツを抜き取ると、まだ快感に波打っている体を再びあおむけに返しました。

そしてまず口のパンティをはずしました。続けて目隠しのネクタイも取ろうとすると「いやっ……目隠しはしておいて……」と意外な懇願をしてきました。

そのほうが気分が盛り上がるということなのでしょう、あるいは恥ずかしいからなのかもしれません。納得した私は、ネクタイと後手縛りはそのままにして、お義母さんの体へおおいかぶさっていきました。

そのまま一気に挿入し、すぐに腰を動かしはじめながら唇を合わせて舌を貪りました。

お義母さんの舌は厚い唇とは反対に小さくてかわいらしく、吸っていると思わず嚙みちぎりたくなるほどでした。

もちろんそんなことはしませんが、より強く支配したいような、どこか荒々しい貪欲さがとめどなくふくらんでくるのです。

そのもっとも端的なあらわれの一つが、膣内射精への衝動でした。

「お義母さん……中に出しますよ。大丈夫ですよね？」

息を乱しながらの私の言葉にビクンと反応したあと、お義母さんが喘ぎあえぎ「あっ……ああっ、いいわ……中に出して、ちょうだい！」と切れぎれの声で言いました。

このとき、私とお義母さんはより罪深い共犯者になったのです。

ズチュウッ、ズチュウッと粘着音を響かせながら、私はなおもお義母さんを責めなぶりました。

口を開かせて唾液を飲ませ、思いつきで「私はマゾの淫乱です」「毎日犯されることを想像してオナっています」「私のオマ○コに精子を注ぎ込んでください」と言わせたりもしました。

義理の母親を精神的にも肉体的にも凌辱《りょうじょく》しているという事実にアドレナリンが噴き出し、このときの私は確かにふだんの私ではありませんでした。

こうして私は、ほとんど無我夢中のまま、絶頂を繰り返すお義母さんの子宮にビュルビュルと熱い精液を撃ち放ったのです。

妻の帰宅する時刻までにはもう三、四十分ほどしか残っていませんでした。

事後、私たちはすぐに部屋の換気をし、それぞれにシャワーを浴びて情事の匂いをていねいに消し去りました。

帰宅した妻はつゆほども疑うことなく、家にはすぐに日常が戻ってきました。

その週末の間だけは……。


平日の私とお義母さんには、毎日二人きりになる時間があるのです。その気になれば貪ることのできる極上の悦楽を見て見ぬふりなどできるはずがありませんでした。

結果として……この秘密の関係は以後も半年間ほど続くことになりました。

情事の内容は最初のときと基本的には変わることはありませんでした。

一度だけ洗濯紐を使って本格的な緊縛にチャレンジしてみたことがありましたが、きれいに縛ることばかりに集中してしまい、私たちには合わないと思ってすぐやめました。

私とお義母さんの好みはもっと泥臭くてなまなましい、そして少しだけスパイスの効いた「いやらしいまぐわい」なのです。

妻も含めて、これほどに性の趣味が合う女性と会ったことは過去にありませんでした。それだけに夢中になりすぎてしまい、このままいったらいつかよくないことが起きるのではないかという漠然とした不安もあったのですが、終わりはあっけなく訪れました。

妻が第一子を妊娠したことで、私もお義母さんも急に憑《つ》き物が落ちたようになり、ごく自然にそうした行為から身を引くようになったのです。

最初にも書きましたように、いまではいい「ばあば」になっているお義母さんですが、あのころはほんとうに現役バリバリの「ザ・オンナ」でした。

縛られて貫かれながら「私の最後の残り火よ」とすごい目で見つめてきた妖婦の顔は、きっと生涯忘れないと思います。

初めての浮気相手は肉食系の夫の兄
欲求不満の人妻は興奮のあまり……

村下洋子　主婦　五十歳

結婚して二十五年目になる主婦です。

子どもが就職して家を出てから、私たち夫婦の関係は冷えきっていました。いまでは夫と会話もほとんどなく、もはや家庭内別居の状態です。

かといって離婚をする勇気もなく、ずっとこのままでいいかと思っていましたが、困ったことに私の体はまだまだセックスを求めているのです。

四十代半ばを過ぎてから、ますます性欲が強くなりました。五十代になったいまでも衰える気配がありません。

恥ずかしい話ですが、オナニーを週に三回はしています。

こんな自分が情けないのですが、自制することはできません。オナニーだけがストレスと性欲を発散する方法なのです。

私はいつしか自分の指だけでは飽き足らなくなり、大人のおもちゃにまで手を出すようになりました。

ネットで見つけたピンクローターが思いのほか気持ちよかったので、評価の高かった電マとバイブレーターも追加で注文して使ってみたところ、快感は相当なものでした。夫とのセックスより数倍、それ以上の刺激に何度もイッてしまうほどでした。

ただ、それで心から満足かというと……やはり終わったあとにむなしさと物足りなさが残ってしまいます。

ほんとうのことを言えば、私だって生身の男性とセックスをしたいのです。電池で動くおもちゃではなく、逞しいペニスの匂いや力強さを感じながら抱かれてみたいと、ずっと思いつづけていました。

そんなときに偶然出会ってしまったのが、義理の兄の隆弘《たかひろ》さんでした。

「あれっ、洋子《ようこ》ちゃん。久しぶりだねぇ」

暇で街中をぶらぶらしていたときに声をかけられ、私は立ち止まりました。

私よりも六歳年上で、もう五十六歳になるのにとても若々しい人です。

夫がまじめな勤め人なのに比べ、彼は若いころから遊び人だったそうです。定職に就かずにつきあった女性に食べさせてもらう、いわゆるヒモで生活していたとか。

それだけにとてもハンサムで、いまでも女性にモテモテなのだそうです。

しばらく立ち話をしていると、彼から食事でもしないかと誘われました。

ちょうど私も時間を持て余していたところです。気さくな彼のほうが夫よりも話しやすいし、気晴らしも兼ねて二人でレストランに入りました。

彼は話題も豊富で、食事をしながらでも退屈しません。二人でワインも注文し、飲みながら私は何度も声をあげて笑い、久しぶりに楽しい時間を過ごしました。

「そういえば、あっちのほうはどうなの。弟と夜の生活はうまくいってる？」

彼はこんなセクハラっぽい話題も気軽にしてくる人なのです。でも少しもいやらしく感じないのは、明るくさっぱりした性格だからでしょう。

私も深く考えずに「それが最近はぜんぜん」と答えました。

「どうして？　もう倦怠期《けんたいき》になっちゃった？」

「うん。あんまり会話もないし、向こうも私にはもう興味ないみたい」

「へぇ、もったいない。そんないい体してるのに」

私は「やだぁ、もう」と言いつつ、その言葉をうれしく思っていました。お世辞もあるのでしょうが、まんざらでもなさそうなニュアンスも感じとれたからです。

酔いも回ってすっかり気がゆるんだ私は、こんなことまで打ち明けていました。

「実はね……さびしいときは一人でしてるの。内緒で買った大人のおもちゃで」

こんなこと、たとえ親しい間柄だって正直に言ったりはしないでしょう。しかも女性から男性に、食事の席でです。

私も一瞬、あ、マズいことを言ったかな、と思いましたが、彼は興味を持って次々に質問をぶつけてきました。

「そんなに欲求不満なんだ。毎晩してるの？」

「夜はあの人がいるからできないわ。いつもお昼から夕方くらいに……週に二、三回くらいかな」

「けっこうするんだね。やっぱり指よりも道具のほうがいいんだ」

「まぁ、それなりにね。使ってみるとおもちゃのほうが気持ちがいいし、ちゃんとイクことができるからスッキリはするわ」

私はぜんぶ包み隠さずに答えました。そのせいか、彼がはっきりとその気になっているのも見て取れました。

もともとプレイボーイで簡単に女性に手を出す人だと聞いています。私が義理の妹であることも気にならないのでしょう。

こうなると私も、浮気をしたい欲望がメラメラと燃え上がってきました。

このチャンスを逃せば、この先セックスなんていつできるかわからない。そんな気持ちが先走ってしまい、我慢できなくなりました。

「これからホテルに行かない？　まだ時間はたっぷりあるから」

私からの直接的な誘いに、彼も少し驚いていましたが、すぐにオーケーの返事をしてくれました。

二人で向かったのは近くにあるホテルです。彼はこういう場所も慣れているので、さっさと部屋を選んで私をエスコートしてくれました。

私にとっては初めての浮気です。しかも相手は義理の兄。なんだか初めてのセックスのときよりもドキドキして、すっかり酔いも醒めていました。

「だいじょうぶだよ、緊張しなくても。ちゃんと気持ちよくしてあげるから」

彼も私が固くなっているのを見抜いたのでしょう。まずはベッドに並んで座り、私の肩を軽く抱いてくれました。

だんだんと気持ちが落ち着いてくると、彼の腕が肩から腰に回ってきました。

少しずつ私の体をなぞりながら、首筋に舌を這わせてきます。まるで羽毛でなでられているようなソフトな愛撫でした。

最初はくすぐったく感じたものの、なんだか体がゾクゾクしてきました。

「んっ、ああっ……」

私は小さく声を出しながら、彼に身をまかせきっています。

「そうそう。リラックスして、そのままじっとしているだけでいいからね」

耳元でささやきかけられる声にうなずくと、服を脱がされはじめていました。

もうすっかりセックスともご無沙汰の五十代の体です。若いころのような肌の張りもなくなり、脂肪が下半身についてきました。

ほんとうはあまり近くで見られたくはないのですが、彼の手で少しずつ裸にされ、隠せなくなってきました。

「洋子ちゃんの肌はきれいで色っぽいね。とても五十歳には見えないよ」

「またお世辞ばかり言って。もうオバサンの体なのに」

「ほんとうだよ。若い子もたくさん抱いてきたけど、これぐらいの体が脂がのってていちばん抱き心地がいいんだよ」

本心なのかはわかりませんが、少なくとも私の体に幻滅はしていないようなのでホッとしました。

ブラもはずされ、胸がこぼれ落ちました。少したるんできましたが、ふくよかな丸みは昔のままです。

まじまじと見つめられて恥ずかしい思いをしていると、彼の唇がチュッと乳首に吸いついてきました。

「んんっ……」

舌で乳首をなぞられ、ていねいに舐められます。ただそれだけなのに、主人とはまったく違うというか、感じるツボを心得ているような愛撫なのです。

「洋子ちゃんは敏感なんだね。こんなに乳首が硬くなってる」

「やだ、さっきからやらしいことばっかり」

「スケベなのはお互いさま。そっちだって食事中にオナニーのことを打ち明けてきたんだから、人のこと言えないよ」

「あれは……酔った勢いだったし」

こういう会話も相手をリラックスさせるコツなのでしょう。私はすっかり彼のペースにはまっていました。

乳首を舐められたあとは、いよいよショーツに手をかけられます。

私はおとなしく最後の一枚が脱がされるのを見届けていました。内心はドキドキ、ワクワクといった気分で、ちょっと興奮していたかもしれません。

「じゃあ、ちゃんと見えるように足を開いてみて」

私は「エッチ」とひと声言ってから、言われるままに足を大きく広げてみせました。

「うわ、すごいなぁ。こんないやらしいま○こ、初めて見たよ」

もう何人も女性のあそこを見てきたでしょうに、そんな大げさな声まであげて悦んでみせるのです。

彼の指があそこのビラビラを左右に引っぱりました。そうすると奥まで全部見られてしまい、今度は「やだぁ」と腰をもじつかせました。

実はこのとき私はすでに濡れていたのです。ショーツを脱がされたときから、あそこの奥が潤《うる》んでくるのがわかっていました。

そうすると恥ずかしさよりも、切ない疼きを感じるようになり、ますますぬるぬるしたものが溢れてきます。

「もしかして、見られて感じてない？」

「……ちょっとだけ」

夫以外の男性に見られるのは初めてなので、よけいにそうなってしまったのかもしれません。

このとき私は、ある衝動を抑えきれなくなっていました。

いつもであれば、体が疼けばオナニーをして気分を鎮《しず》めていたところです。もちろん部屋で一人きり、誰も見ている人はいません。

それをいまここでやってみせたら、彼はどんな顔をするだろうと、そんなことを考えてしまったのです。

「ああっ……」

考えると同時に、私は指をあそこに這わせていました。

「おいおい、オナニーしてるところまで見せてくれるのかい？」

私の大胆な思いつきを、彼は驚いた顔で見ています。

いったんスイッチが入ってしまうと、指の動きを止められなくなりました。

クリトリスをいじりながら、別の指をあそこに挿入します。一本では足りずに二本まとめて押し込み、出し入れをさせました。

「はぁっ、いいっ……見られてると、すごく感じちゃう」

道具も使っていないのに、ふだんのオナニーの何倍もの快感でした。指の出し入れに合わせて声が洩れ、足を開いたままお尻を浮かせてしまいました。

ますます大胆になった私は、興奮のあまり彼に向かって「イクところを見て！」とまで言ってしまったのです。

以前に私は、バイブでオナニーをしながら絶頂に達したときに、潮を吹いたことがありました。どこをどう刺激すれば吹いてしまうか、自分でもわかっていました。

それを彼の目の前で、あえてやってみせようと思いました。

「ああ、イク、イッちゃう。見てて、いっぱい潮を吹くから……ああっ、もうすぐ出る、イク、イクッ!」

いよいよ快感が限界まで高まってくると、指の動きをさらに激しくしました。

指先であそこの奥、Gスポットと呼ばれているところを、グリグリと刺激します。

それが引き金になり、快感が波になって押し寄せてきました。同時に指を入れたあそこから、熱いものが吹き出してきました。

「あぁーっ……!」

私は絶叫しながら、何度も潮を吹きつづけました。

その間に私は完全に自分を見失っていました。絶頂から我に返るまで、しばらく気を失っていたかのように、頭が真っ白になっていたのです。

「ずいぶん派手にイッちゃったね。ほら、あんなところまで飛んでいったんだよ」

彼は辛うじて体が汚れずにすんだようです。しかし私が寝ていたベッドはすっかり濡れてしまい、それどころか潮がベッドの外にまで飛び散っていました。

彼が言うには、あそこから噴水のように高く潮が飛んだそうです。ものすごいものを見たと興奮気味でした。

見ると、いつの間にか彼もズボンを脱いでいます。

「ほら。洋子ちゃんのおかげで、こんなになってるんだよ」

そう言って突き出してきたのは、逞しくそそり立ったペニスでした。

「やだ、すごい」

まじまじと見とれながら、手に取って感触を確かめてみます。

私よりも年上なのに、こんなに元気なのが信じられません。夫ともしばらくセックスをしていないので、見るのもさわるのも久しぶりでした。

「舐めてみて」

彼に言われるまでもなく、私は自分から舌を出すと、いやらしく舐めてあげました。

ペロペロと舌を使いながら、根元をマッサージするようにもみほぐしてあげます。

フェラチオは夫とのセックスでも、ごくたまにやってあげた程度です。きっと彼が経験した女性たちに比べれば物足りないでしょう。

そう思われないために、私はペニスを口に含んで懸命に奉仕しました。

舌だけでなく口の中すべてを使って吸い上げ、奥まで呑み込みます。息苦しくなっても我慢しました。

「おお……いいよ。すごくじょうずだ……やっぱり洋子ちゃんはスケベだなぁ」

どうやら彼も悦んでくれているようでした。気持ちよさそうに声を出すだけでなく、咥えている私の髪もなでてくれました。

だんだんと私も気持ちが乗ってきて、おしゃぶりをしながら舌をいっぱいに動かしました。

舐めるというよりも、舌を絡めてこすりつける感じです。どうすればもっと悦ばせることができるか、それだけを考えました。

「ンンッ……」

彼の手は私の胸をさわり、乳首をつまんでいます。刺激を受けると、鼻から甘い声が出てしまいました。

そのまま彼の頭は私の下半身へ向かい、お互いに股間を舐め合うかたちになりました。

上になった私がペニスを頬張ります。ベッドに横たわっている彼は、股間に顔を埋《うず》めてクンニをしてくれました。

さっき潮を吹いたばかりなのに、いやがらずに舐めてくれただけでなく、とても巧みな舌使いです。

「あんっ、そこ……気持ちいいっ」

クリトリスをいやらしくねぶられ、つい口を止めて喘いでしまいました。

やはりこれも経験の差なのでしょうか。いくら私ががんばっても、彼の女性を感じさせるテクニックにはかないそうにありません。

それでもどうにかフェラチオを続けていると、彼から声がかかりました。

「そろそろ、入れてほしくなってきたんじゃないの？」

それは待ちに待った言葉でした。あそこはたっぷりうるおっているし、受け入れる心の準備もできています。

私がベッドに横たわって待っていると、彼は律儀にもコンドームを使おうとしていました。

それが最低限のマナーだとわかってはいますが、そのときの私はそんな気分ではありませんでした。

久々のセックス、それも相手は義理の兄という禁断のシチュエーションです。日常では味わえないスリルを私は求めていました。

「ねぇ……そんなもの使わないでセックスしない？」

私の言葉に彼は驚いていますが、すぐに乗り気になったようでした。

「実はおれも生が好きなんだよ。洋子ちゃんがいいって言うなら、遠慮なくやらせてもらおうかな」

話は決まりました。さっそく彼は生のままのペニスをあそこにあてがい、中に押し込んできました。

「んっ！　あんっ……！」

入ってくる感触は、大人のおもちゃとはまるで違いました。硬さや大きさではなく、生身の体の温かさと力強さを感じるのです。

ああ、これが欲しかったんだ……と私はあらためて思いました。

ペニスを根元まで入れてきた彼は、私の両足を抱えてゆっくりと腰を動かしはじめます。

グイグイと奥まで挿入されるたびに、私は「ああっ」と声をあげました。

「弟のものに比べて、どんな感じだい」

「こっちのほうがずっといい……もっとちょうだい」

私がそう言うと、彼も張りきって強く打ちつけてくれました。

やはり私と同じように、かなり興奮しているのが伝わってきます。きっと弟の奥さんを寝取っているということが大きいのではないでしょうか。

比べるまでもなく、夫よりも彼のほうがセックスでは一枚も二枚も上手《うわて》でした。

腰の使い方やリズム、それに抱いている最中の体の愛撫まで、どれも完璧なまでのテクニックです。

「ああっ！　すごいっ。あっ、ああっ……あんっ！」

あまりの気持ちよさに、私はシーツをつかみながら声をあげつづけました。

目を開けると、彼の顔がすぐ目の前まで迫っていました。私は自分から口を開いてキスの求めに応じ、舌も差し入れました。

「生でヤリたがるなんて、だいぶ欲求不満だったみたいだね」

「うん、今日はいっぱい中に出してもいいから。そのかわり、もう一つお願いを聞いてほしいの」

実は私は、これまで正常位しか経験がなかったのです。そこで生まれて初めてバックから抱かれてみたいと、そうおねだりをしました。

もちろん彼は快《こころよ》く聞き入れてくれました。

さっそく私を四つん這いにして、お尻を突き出させます。それからお尻を抱え込みながら、ペニスを挿入してきました。

「はぁっ、ああ……やだ、すごく変な感じ」

快感は正常位と変わりありませんが、なんだか動物になって犯されているような気分です。

しばらくバックで楽しんでいると、今度は別の体位に移りました。彼はありとあらゆる体位を経験しているので、正面から私の体を抱き上げる座位や、騎乗位、それに立ったまま片足を持ち上げてつながる姿勢まで、いろんなことをしてくれました。

さんざん体位を変えて腰を振っている彼は汗びっしょりです。さすがにスタミナも残り少なくなってきたようでした。

最後には正常位に戻り、激しく腰を使います。

「ああ、ダメッ。またイッちゃう！　イク、イクッ！」

「おれもそろそろイクよ、いいね」

私たちは示し合わせたように、絶頂のタイミングを重ね合いました。

私がイッてしまうと、彼もピンと腰を張って深く呼吸をしています。つながったままのあそこの奥では、ペニスが射精しているのを感じました。

こうして私の初めての浮気は大満足で終わりました。

もちろん彼とは一度きりの関係で終わることはありませんでした。あれから何度も連絡を取り合い、こっそりセックスをしています。

ふだんは顔を合わせない夫も、まさか私が実の兄と浮気をしているとは思ってもいないでしょう。このときばかりは関係が冷えきっているのが幸いしました。

おかげでオナニーを卒業できたかといえば、実はそうではありません。彼と会えず欲求不満が溜まったときは、いまでも大人のおもちゃが欠かせません。

きっと私の性欲が枯れてしまうまで、こんな生活が続いていくと思います。

〈第三章〉

従兄妹との秘密の放尿鑑賞プレイ

「ションベンするところを見せろ……」熟年になり再会した従兄妹同士の絆

相原カオリ　パート　五十四歳

従兄で二つ年上のカズ兄とは小学生のころまではよくいっしょに遊んだ仲でした。いろいろあって中学生くらいからはたまに顔を合わせる程度になり、私が結婚して地元を出てからはまったく会っていませんでした。

噂によると、カズ兄はずっと地元にいて、不動産業や金貸しなどをしていると聞いていましたが、あまりいい評判ではなく、無邪気な子ども時代を知っている私はいつも複雑な気持ちになりました。

カズ兄の家は、私にとっては叔父にあたる父親が、たちの悪い酒乱で、やがて家族に暴力を振るうようになり、そのせいでカズ兄が中学一年生のときに母親が家出、カズ兄は怖い父親と二人で暮らさなければならなくなりました。

カズ兄が非行に走ったのはそのころからでした。

でも、「ワルになった」と聞いてはいても、私にとってカズ兄はいつまでも子どものころにいっしょに遊んだカズ兄でした。

離婚をした私が地元に戻ってきたのは五十一歳のときでした。

私は十代の終わりからの数年間、芸能活動のようなことをしていて、別れた夫はそのころに知り合った業界の人でした。

詳しくは書けないのですが、引退後も非公式の仕事を長くさせられ、身も心も搾取されつづけたあげくの離婚でした。

私は精神的にボロボロになっていて、カズ兄の父親ほどではないにせよ、三十代の半ばからお酒とギャンブルに溺れるようになっていました。

親の反対を押しきって結婚したのでいまさら合わせる顔がありませんでしたし、プライドもありましたから、地元に戻っても実家には帰れませんでした。パートの仕事を見つけて小さなアパートで一人暮らしをしていましたが、続けていたギャンブルの負けがかさんですぐに生活が苦しくなりました。

カードでの借金もあり、このままいくと取り返しがつかなくなると不安になった私は、悩んだ末にカズ兄に連絡をとってみることにしました。

これが三年前の一月のことになります。

年をとったうえにみっともなくうらぶれた姿を見せるのはいやでたまりませんでしたが、地元ではほかに頼れそうな人もいなかったのです。

久しぶりに会ったカズ兄は、私の離婚のこともギャンブルのこともすでに知っているようでした。なのに詳しいことを何も聞かずに当面のお金を貸してくれました。

白髪こそ目立っていたものの若いころと変わらず痩《や》せぎすで、ダークブラウンの細身のスーツを着こなしたカズ兄は、ちょっと精悍《せいかん》な印象の「コワイ人」になっていました。

でも私は普通の会社員とは違うスーツ姿の男性を見慣れていましたし、目元に少しだけ残る子どものころの面影にとてもなつかしい気持ちになりました。

だから甘えてしまったというわけではないのですが……私はすぐにはギャンブルをやめることができませんでした。

愚《おろ》かにも一度で大金を失ってしまうこともあり、その後何度も借りにいかなくてはならなくなりました。

恥ずかしさをごまかすために私はいつも酔っぱらって行きました。

会うのはカズ兄の事務所近くの喫茶店で、行くたびに一定の金額を貸してもらえました。

カズ兄はいつもぶっきらぼうでほとんど口をききませんでしたが、一度だけ「酒臭ぇな」と言われてドキリとしたことがありました。

彼の父親のこともあり、カズ兄はお酒が嫌いかもしれないと思ってコメツキバッタのように何度も頭を下げて「ごめんなさい」と謝りました。

このときもカズ兄はそれ以上何も言わずにお札を数えて私に渡してくれました。

よく考えてみるまでもなく、こんなだらしのないことをいつまでも続けられるはずはなかったのですが……。

梅雨が明けたころのある日、カズ兄が私の住むアパートをいきなり訪ねてきました。

少し片づけるから待ってという私を押しのけるようにして入ってきたカズ兄は、家具もまともにない部屋の中を見渡して、無表情のまま「金、返せねえんだろ」と言いました。

花柄のくたびれたロングキャミソールというしみったれた部屋着のままの私は身の置き所もなく、真っ赤になって下を向くしかありませんでした。

このとき、カズ兄の視線が頭の先から足の先までゆっくりとなでていくのがわかりました。でも私とカズ兄は兄妹のような関係だと頭から思っていたので、性的な抵抗感はまったく感じず、ただただ小さくなるばかりでした。

「カズ兄ごめんなさい……まだちょっと……でも必ず返すから……」

私が下を向いたままそうつぶやくと、カズ兄は「おい、俺はプロなんだぜ。そう聞いて『はいわかりました』で帰って商売になると思うか？」と低い静かな声で言い、タバコを取り出して火をつけました。

カズ兄の口から「商売」という言葉を聞いて、ますます消え入りたい気持ちになりました。

自分だけは特別扱いしてもらえるんじゃないか、そう勝手に思っている私がいたのです。

「だけど、どうすればいいのかな……」

「金目のものもねぇんだろ。だったら言うことを聞いてもらうしかない」

言うことを聞く……私の過去の経験から言えば、その意味は一つでした。

カズ兄が私をそういう目で見ているとはとても思えなくて混乱しました。でも何を言われても仕方がないと思って私はうなずきました。

「ションベンしろ」

カズ兄が置きっぱなしの湯飲み茶碗にタバコを突っ込んで言いました。

「え……？」

聞き返すのと同時に手首をつかまれて「俺の見てる前でションベンをしてみせるんだよ」とトイレのほうへ強く引っぱられました。

どういうことかぜんぜん意味がわからず、私は怖くなって「何、カズ兄？　どういうこと？」と畳に足を踏ん張りました。

でもカズ兄の力はものすごく、途中からは引きずられるようにトイレの前まで連れていかれ、そのまま中に押し込まれてしまいました。

「やれ」

カズ兄の指示で和式の便器を逆向きで跨《また》ぐと、ドアを開けられたままあごで促されました。

「いいけど……どうして……？」

私はキャミソールのすそをつかんで立ったまま固まってしまいました。

「いちいちうるせぇな……。見たんだよ、ガキのころにお前が墓の裏でションベンしてるところを。あれをもう一回見せろっつってんだ」

想像もしていなかった言葉でした。

でも無表情だったカズ兄の顔が苦くゆがんでいるのを見て、なぜだかスーッと心が穏やかになっていく私がいました。

「わかったよカズ兄……するから、見てて……」

私はキャミソールを腰までまくると、下着に指をかけて一気におろし、そのまま思いきってしゃがみ込みました。

そしてあそこがカズ兄に見える角度でジョンジョンとおしっこをしました。

気がつくと心臓がドクンドクンと高鳴っていました。

恥ずかしさはありましたが、怖くはなくて、おかしいと思われるかもしれませんが、何か神聖なことをしているような気がしました。

放尿が始まるとカズ兄の顔はまた無表情になりました。

でもズボンの前が大きくふくらんで生地が突っ張っていました。

このとき、私は急にカズ兄のことがかわいそうになったんです。

私とカズ兄は兄妹のような関係と書きましたが、子どものころのカズ兄は、確かに私のことが好きでした。

ただ当時の私はまだ少女でしたし、カズ兄には自分が赤ちゃんのころからかわいがってもらっていたので、その「好き」の意味を正確に感じ取ることはできませんでした。

でも好きということは本能でわかっていたんです。

あのころ、母親に出ていかれたカズ兄は愛情に飢えていました。カズ兄はその愛を私に求めたかったのかもしれません。けれど私はあまりにも幼くて、カズ兄は誰にもそれを求めることができないまま孤独になっていきました。

おしっこする姿を見せていると、当時のいろんな場面がよみがえってきて、もっとああしてあげればよかった、こうしてあげればよかったと、なんだかたまらない感情が込み上げてきました。

だから……このときの気持ちはどうしてもうまく書けないのですが……私はおしっこを終えてあそこを紙で拭くと、しゃがんだ格好のままカズ兄のズボンのベルトに手をかけました。

「おい、何してんだ……そんなことは頼んでねぇだろ」

カズ兄が初めて怒ったような顔をしました。でも私はひきませんでした。

「いいから、カズ兄」

毅然《きぜん》と言ってズボンをおろすと、まずパンツの上からふくらみに顔を押しつけました。

硬くふくらんだものがグリンと動いて、腰ゴムのところから先端が顔をのぞかせました。

「もういいよ、やめろ……よせ、カオリ」

カズ兄が頭を押さえて引き離そうとしてきましたが、私はカズ兄の腰に抱きついて、飛び出した先端へ強引に唇をかぶせていきました。

「おいバカ、何してんだ！」

カズ兄が少しあせった声で言いました。でも本気で抵抗するわけじゃなく、それどころかどんどんアレを硬くして、私がパンツをおろして全部出させてもその場から出ていったりしませんでした。

私は熱く反り返ったそれをのどの奥まで呑み込んで、ジュブッ、ジュブッと音を立ててフェラチオしました。

けっして自慢できることではないのですが、こういうことには少しだけ自信がありました。

いつの間にか、カズ兄は黙ってされるがままになっていました。

私はおしゃぶりを続けながら、カズ兄のワイシャツの下から片手を差し込み、指先で乳首をくすぐるように転がしました。同時にもう一方の手をカズ兄のお尻に回して後ろから肛門のあたりを指先で刺激しました。

「む……お、おい……」

年を取ってこんな淫らなことをする女になっているのをカズ兄に知られるのは恥ずかしいことでしたが、軽蔑されてもいいからカズ兄を喜ばせたいと思いました。むしろ軽蔑されたいとすら思っていました。

借りたお金を酒とギャンブルにつぎ込んでしまうバカで、取り柄といったら少しばかりタレントみたいなことをしていた過去と、この淫らなテクニックだけ……そんな私を蔑《さげす》んで、欲望のはけ口にしてほしいと思っていました。

「カズ兄……何も言わんで私のしたいようにさせて……」

肛門に浅く指を入れてあらためて性器を吸い立て、乳首を指でなぞりました。

太ももにグッと力を込めたカズ兄が射精しそうになっているのがわかりました。そのまま口に受け止めたい衝動を抑えて、私はすばやく立ち上がると壁に手をついてカズ兄にお尻を向けました。

「して……カズ兄……お願い……」

そう言って、片手を後ろに回して自分の指であそこを広げました。

もしかしたらカズ兄は何もしてくれないかもしれないと思いました。でもすぐにカズ兄はけっして私に恥をかかせたりしないと確信できて、愛液がトロリと太ももを伝うのを感じました。

カズ兄の温かい手が私の腰を支えるようにつかむと、すぐに熱いものが膣にグウッと押し入ってきました。

「ああっ！」

私はのけぞって声をあげました。

けっしてうぬぼれじゃなく、いままでの何もかもがカズ兄の不器用な愛情だったんだとはっきりわかって、心まで揺らされているような気がして怖いほど感じました。

お尻に腰を打ちつけてくる音がテンポよく響きはじめると、私は立っているのもやっというほど昂《たかぶ》ってしまい、何度も膝を折りそうになりました。

「あぁっ、イイッ……カズ兄、もっとしてっ……カオリのこと滅茶苦茶にして！」

本心からの叫びでした。

カズ兄がそんな私の気持ちに応じるように、背後から私の胸をもみ回してきました。

キャミソールの肩紐が落ちてストラップレスのブラが露《あらわ》になると、それも剝ぎ取るようにずり上げられて、乳房を直接つかまれました。

若いころにはGカップの何々とキャッチコピーをつけられて水着の写真を撮られた

体……でもいまは酔っ払いにねぶられるばかりの安い肉に成り下がっていました。

それをカズ兄がハアハアと息を乱して激しく貫き、味わうようにじっくりさわってくれているのです。

「うれしい……うれしいよ、カズ兄！」

私は立ったまま絶頂していました。

考えるまでもなく私たちは血の繋がった親類同士でした。いけないことをしているのはまちがいないのに、なぜだか正しいことをしているという確信のようなものがありました。

絶頂した私は振り向いてカズ兄に抱きつき、「もっとして……ねえ、布団でしてよ、カズ兄……」と乳房を押しつけて懇願しました。

するとカズ兄は、私の腰を抱いて何も言わずに万年床まで連れていってくれ、私をあおむけに寝かせたあと、スーツもシャツも下着も脱いで丸裸になりました。

「カズ兄……キスして……」

私が下から両手を出して催促すると、カズ兄は黙ったままおおい被さってきて唇を合わせてくれました。そして舌を絡めながら私の足の間に腰を落ち着け、再び中へ入ってきてくれました。

「あぁっ！」

すぐに腰が動きはじめて、私はカズ兄の舌を吸いながら自分からも骨盤を動かしていました。

ついさっきイッたばかりなのに、たちまち次の波がやってきて、私はのけぞりながらまた達していました。

カズ兄が上体を起こしてさらに激しく出し入れをしてきました。あまりの快感に私は髪の毛をかきむしるようにしながら大きな声で喘ぎよがりました。

揺れる乳房をカズ兄がわしづかみにして、乳首を強く吸ってくれました。

「あぁ……イイの！　カズ兄、イクッ！　またイクぅっ！」

わななきながら叫ぶ私の片足を上げさせ、カズ兄が私を横向きに転がして別の角度から突いてきました。

ズルンッ、ズルンッと入り口から奥までまんべんなく摩擦され、私はシーツを握りしめて快感に耐えようとしました。

でも出し入れを続けながら指でクリトリスをいじられると、もう意志とは無関係に体がエクスタシーに駆け上がり、またガクンガクンと痙攣を起こしました。

待ってカズ兄……と言おうとして、不意に私にはそんなことを言う資格がないんだと思い出しました。

カズ兄が満足するように、どんなことをしても、どんなことをされても、喜んでそのすべてを受け入れなくてはと思いました。

そのとき、カズ兄が腰の動きをスローダウンさせて、横向きのまま背中にぴったりと身を合わせてきました。そして私をジワリと強く抱きしめてくれました。

「カズ兄……カズ兄……」

気がつくと私は泣いていました。泣きながら、カズ兄のゆっくりとした抜き差しに全身が溶けていくような快感を覚えていました。

これまでたくさんの男が私の上を通り過ぎていきましたが、こんなに気持ちいい、身も心も一つになるようなセックスは初めてでした。

カズ兄を満たすつもりでいたはずなのに、私のほうが身も心も満たされていました。

私がそれまでにしてきたセックスは、別れた夫とのそれも含めて、いつもむさぼられたり与えたりするものばかりでした。

プロデューサーや、パトロンと名乗るその知り合いや、乱暴なカメラマンや、名前も知らない男たちに十代のころからもてあそばれつづけてきたのです。こんなふうに抱きしめてくれる人はその中に一人もいませんでした。

カズ兄だっていろいろたいへんな思いをしてきたはずなのにと思うと、胸がいっぱいになり、どうしてあげればいいのかも、もうわからなくなりました。

「カズ兄……カズ兄の好きなようにして……お金もちゃんと返すから……オシッコだって何回だって見せるし、なんだってするから……」

私がそう言うと、カズ兄はまたギュッと抱きしめてくれました。

だから私は素直に甘えて、また淫らな声をあげはじめました。

カズ兄が体位を変えようとしているのか、一度私の中からアレを抜き出しました。

私はすかさず振り返って、カズ兄に正面から抱きつきました。

五十歳を過ぎて若いころよりはずいぶん形の崩れてしまったこの体ですが、こちらからできることをもっと積極的にしたいと思って、私はそのままカズ兄をあおむけに寝かせていきました。

そうは言ってもいまさらできることといったら……。

私はカズ兄の腰に跨《また》がり、騎乗位の格好で、自分からアレを自分の中に呑み込んでいきました。そしてカズ兄の胸に両手をつくと腰を丸く回転させるように動かしました。

カズ兄が下から私を見つめていました。

その瞳からはどんな感情も見透かすことはできませんでしたが、アレはいまにも弾けそうなほど硬くふくらみきっていました。

つながった部分から湿った音がリズムを刻んで高鳴って、そのたびに私は気が遠くなるような快感を覚えました。

「あぁっ、カズ兄、カズ兄……気持ちいいよおっ！」

腰を動かしながら前屈みになってカズ兄の乳首にキスして、舐め回しました。するとカズ兄が下から私の腰を支えるように持ってグングンと逞しく突き上げてきてくれました。

カズ兄のひたいに汗が浮かんでいるのが見えて、私はそれも舐めました。

「んあぁっ、はあぁぁっ……スゴい、カズ兄……私、また……」

何度目かもわからない絶頂に達しようとしたとき、カズ兄が上体を起こしてきて、私たちは対面座位の格好になりました。

抱きしめられながら突き上げられ、私もカズ兄を抱きしめました。

密着した胸と胸が汗でヌルヌルとすべっていました。

カズ兄の両手がお尻に添えられ、タイミングよく上に持ち上げられては落とされて……。

いちばん奥まで突き刺さってくるアレがさっきまでよりもさらに大きくふくらんで

いるように感じられたとき、カズ兄が小さな声で「イクぞ」と言いました。

「あぁ、来て！　カズ兄！　カズ兄の精子出して！　私のいちばん奥に全部ちょうだい！」

無我夢中の叫びでした。私はもう生理が上がってましたから妊娠することはないのですが、このときはカズ兄の赤ちゃんが欲しいという女としての本能が私のすべての細胞を燃え上がらせていました。

「むうっ！」

カズ兄が歯を食い縛って少しでも耐えようとするなか、私は絶対に逃がすまいとするようにカズ兄にしがみついていきました。

そして私がイッた瞬間、カズ兄のアレが私の中で弾けるように脈を打ちました。

私は何かを叫びましたが、それがなんだったかは……覚えていません。言葉にもなっていなかったのかもしれません。それほどに大きな快感のなか、私は全身をふるわせてカズ兄のすべてを受け入れていたのです。

少しして二人の呼吸が落ち着いたころ、カズ兄が私の髪をなでながら「金のことはもういい」と言いました。でも私はそんなつもりで交わったのではなかったので強い口調で「ううん、絶対に返すから」と伝えました。

それは私の本心でした。事実この日を境にして、私はギャンブルをいっさいやめてまともに働くようになりました。

カズ兄とはその後もときどき会って交わりを続け、籍こそ入れていませんが、少し前から夫婦同然の暮らしをするようになりました。

世間から見れば眉をひそめられるような話だとは思います。

でも、私としてはもう世間のことを気にする歳でもありませんし、いろいろあった人生の終わりにやっと安心できる場所を見つけられたような気がして、無邪気に幸せを感じてもいるのです。

出戻りの叔母に熟れた肉体で誘惑された私は風呂場で我慢できずに

白石昌隆　会社員　五十四歳

もう二十年以上も昔の話になりますが、私と叔母は肉体関係を持っていました。

当時、私は三十二歳の会社員でした。しかし結婚はしておらず、実家で両親や祖父母と同居していました。

ある日、ちょっとした事件が起こりました。私の父親の妹、和美《かずみ》叔母さんが夜中に突然、嫁《とつ》ぎ先から実家に戻ってきたのです。

叔母は結婚をするまで私たちといっしょに暮らしていました。私が産まれたときも母の病院につき添ったそうで、それからずっと面倒を見てもらいました。

私にとって叔母は遊び相手であり、年の離れた姉のような存在でした。

私たちの年齢差は二十もあります。私が小学校高学年のとき、叔母は三十歳を過ぎていました。

きれいで、優しくて、誰よりも私のことをかわいがってくれる叔母に、私はずっと甘えっぱなしでした。

やがて私が思春期を迎えると、女性の体に興味を持つようになりました。

そうなると身近にいるのは叔母です。叔母は私が中学生になっても、たまにお風呂に誘ってくれました。

そのとき私は大喜びでいっしょのお風呂に入り、食い入るように叔母の裸を観察していました。胸やお尻、あそこまで堂々と見ることができて、ずいぶんいい思いをしたものです。

しかしそんな関係でいられたのも、私が十三歳のときに叔母が結婚して家を出ていくまででした。

ずっとかわいがってくれた叔母が突然いなくなったことで、さびしくてたまりませんでした。離ればなれになって気づいたのですが、私は叔母にあこがれにも近い思いを抱いていたのです。

あれから二十年が過ぎ、まさかこんなかたちで叔母が戻ってくるとは思ってもいませんでした。

話を聞くと、どうやら旦那さんの浮気が原因で家を飛び出してきたようです。よほど腹が立ったのか、もう離婚をするとまで言っています。

あまりの剣幕だったので、祖父母や父は少し頭を冷やさせようと、しばらく叔母を家に留めておくことにしました。

こうして私と叔母は、久しぶりに同じ家で暮らすようになったのです。

私は三十二歳で、叔母は五十二歳。お互いにいい年になり、さすがに昔のようにベタベタと甘えることはできません。

しかし叔母にとって私は、相変わらず子どものままのようでした。

私のことを昔のように「マーちゃん」と呼び、以前にも増して干渉するようになったのです。

わざわざ朝は起こしにきてくれたり、仕事にいく前は身だしなみのチェックまでしてくれます。私がそこまでしなくてもいいと言っても、叔母は身の周りの世話をやめないのです。

しかし考えてみれば、旦那さんの浮気が原因とはいえ、叔母は実家に出戻りをしてきたのです。居心地の悪さも感じていたでしょうし、私のそばにいることで安らぎを感じていたのかもしれません。

まぁ、それならそれでいいかと、私もこの生活に慣れてきたときのことでした。

いつも家にいる祖父母が、週末に地域の老人会の集まりで小旅行に出かけてしまったのです。さらに両親まで知り合いの祝い事とかで、揃って家を空けていました。

まったくの偶然で、私と叔母の二人だけで一日を過ごすことになったのです。

いつもは賑《にぎ》やかな食卓も二人きりで、なんだか夫婦みたいです。めったにない機会なのでラッキーだな、ぐらいにしか思っていませんでした。

しかし叔母の態度は、いつもとはまったく違いました。やたら距離が近くなり、私がソファでテレビを見ていると、べったりと隣に張りついてきたのです。

「ちょっと、近いよ、和美さん」

「いいじゃない、誰もいないんだし。また昔みたいに甘えさせてあげようか?」

そう笑いながら言っていましたが、私は本気にしていませんでした。

ところが私がお風呂に入っているときでした。一人でのんびりと湯船につかっていると、ドアの向こうに人がいる気配がするのです。

「マーちゃん、私も入っていい?」

叔母にそう声をかけられ、私は「えっ?」と言ったきり固まっていました。

まさかほんとうに入ってこないよな……そう思っていると、ドアが開きました。

驚いたことに、叔母は素っ裸で入ってきたのです。

「ちょ……ちょっと待ってよ。まだ入ってるんだから」

あわてて私が言っても、叔母は勝手に中に入ってきました。体を隠そうともせず、裸を見られてもまったく気にしていません。

幼いころの記憶にある叔母の裸は、大きな胸にぽっちりと指先ぐらいの乳首がついていました。お尻も大きくて、後ろから見るのも楽しみだったものです。

その当時の思い出と、まったく変わらない叔母の体です。多少、お腹の肉づきがよくなっているように見えますが、むしろ以前よりも色っぽく感じました。

「久しぶりだね。こうやっていっしょに入るのも」

向かい合って湯船に体を沈めた叔母が、しみじみと語りかけてきます。

もっとも私はそれどころではありませんでした。

なにしろ独身の私には久々に見る女性の裸です。いくら幼いころに見慣れた体とはいえ、意識せずにいるのは無理でした。

「マーちゃんは、お風呂でいつも私のおっぱいばかり見てたよね」

突然、昔のことを言われて私はドキリとしました。

「そうだったっけ？」

「とぼけちゃって。ちゃんと気づいてたんだからね」

まさか子ども時代のスケベ心まで見抜かれていたとは、いまになって急に恥ずかしくなってきました。

「いいのよ、別に責めてなんかないから。そういうのもちゃんと知ってて、いっしょにお風呂に入ったんだから」

そんな話をしている最中も、目の前にある大きな胸ばかり気になり、とうとう興奮を抑えきれなくなりました。

さらにマズいことに、叔母が私に「体を洗ってあげる」と言ってきたのです。

いま湯船から上がれば、まちがいなく股間を見られてしまいます。しかしこのまま隠しつづけているわけにもいきません。

「あ、もしかして大きくなっちゃった？」

私がモジモジしていると、すぐに叔母にバレてしまいました。

「いや、しょうがないじゃん。意識しなくても勝手にそうなっちゃうんだから」

「いいのよ、そんなことで恥ずかしがらなくても。マーちゃんがもう子どもじゃないことぐらい、私にもわかってるから。さ、早く出て」

こうなったら仕方ないと思い、私は開き直ってあえて隠さずに湯船から立ち上がってみせました。

叔母は私の硬くなったペニスを見て、クスクスと笑っています。

「ごめんごめん。立派になったんだなぁって、ちょっとおかしくなったの」

私は叔母のそんな顔を見て、少しホッとしていました。いつもどおりの明るい態度だったからです。

ただ見られてしまったということは、叔母の体に欲情していることもバレてしまったわけです。気まずさというか、恥ずかしさはそう簡単に消えてはくれません。

叔母は、洗い場に腰をおろした私の背中を洗ってくれました。

背中をすべる石鹼の感触や手つきも昔と変わりません。私がなつかしい気分でいると、叔母の手がやけに股間の近くまで迫ってきていました。

「ちょっ、そこはいいから」

私がそう言っても、叔母は構わずにペニスを握ってきました。

「うふふっ、こんなに硬くして」

と、なおも石鹼まみれの指を絡みつかせてきます。

私の体には快感が走り抜けていました。ぬるぬると手を上下に動かされると、ペニスがますます勃起してきます。

最初は叔母がふざけてこんなことをしているのだと思っていました。しかしなかなか手を離してくれず、背中に胸まで押し当ててくるのです。

「そ……それ以上はまずいよ。あんまりやりすぎると、我慢できなくなっても知らないよ」

するると叔母は、体を密着させながらこんなことをささやいてきました。

「我慢できなくなったら、いつでも襲いかかってきてもいいのよ。最初からそのつもりで来たんだから」

明らかに冗談ではありません。叔母は本気でそう思っているようです。

背中のやわらかいふくらみの感触と、ペニスを這う手の動きが、次第に私の理性を奪っていきました。

「ああ、ちょっと待ってよ」

さらに指の動きが加速していきます。このままでは叔母の手の中で射精してしまいそうでした。

ところがもうあと少しというところで、叔母はピタリと手を止めると、私の正面に回り込んできました。

「ここに、入れてもいいのよ」

そう言うと、座った自分の股間に私の手を導きました。

濡れたヘアの下に、ぱっくりと開いた薄茶色の谷間があります。その奥に指を引っぱり込まれ、強引に挿入させられました。

ぬるっと穴の奥に吸い込まれた指から、熱く濡れた感触が伝わってきました。

そこはやわらかく締まりのいい穴で、お湯ではない液が溢れています。指にキュッ、キュッと食いついて、私を誘っているかのようでした。

もう私には耐えられるだけの理性は残っていませんでした。我慢できなくなり、叔母に向かって詰め寄っていました。

「……いいんだね。ほんとうに抱いても」

私の問いかけに、叔母はうれしそうにうなずいてみせます。

「私、この家に帰ってきてずっと待ってたんだから。いつかマーちゃんが私を抱きにきてくれるんじゃないかって、毎晩なかなか眠れなかったのよ」

その願いがようやくかなったと言い、叔母は私の股間に顔を埋《うず》めてきました。

「ああっ」

石鹸を洗い落としたペニスが、叔母の唇に呑み込まれました。

さっそく舌がペニスの裏側に這い上がってきました。狭い口の中をクネクネといやらしく動いています。

先ほど指で洗ってもらったとき以上に、背筋がとろけそうになりました。

叔母のテクニックは、まるで風俗でサービスを受けているかのようでした。舌使いも吸い込む力も、素人とは思えないほどです。

咥えたままクイクイと唇を締めつけてくる叔母は、唾液といっしょにペニスを吐き出しました。

「マーちゃんのこと、いっぱい気持ちよくしてあげる。マーちゃんだけは私のこと大事にしてくれるから」

もしかして叔母は、私とのセックスで浮気されたことを忘れようとしているのではないかと思いました。実家に戻っても家族にはよそよそしくされ、私だけがこの家では叔母に親身になっていたからです。

もちろん私にしてみれば、願ってもない状況でした。子どものころからあこがれていた叔母にフェラチオまでしてもらえるのですから。

ただそれでも、こんな叔母の姿は見たくないというか、弱みにつけ込んでいるような良心の痛みも感じます。

「あっ、そっちは……」

そんな私のためらいを消すかのように、叔母は舌をペニスのさらに下まで伸ばしてきたのです。

舐められたのは肛門でした。いくらお風呂に入っているとはいえ、そんな場所まで舐めてくれるなんて信じられませんでした。

むずがゆさに耐えていると、叔母は顔を上げて私に言いました。

「イヤだった？　マーちゃんが悦ぶかなと思ってやってあげたんだけど」

叔母はどこか不安げな顔をしていました。精いっぱいのサービスのはずが、やりすぎだったのではないかと、そう思ったみたいでした。

しかし私が「ううん、イヤなんかじゃない。気持ちいいよ」と言うと、ホッとしたようです。

そろそろ私も我慢できなくなってきました。すぐにでも挿入したくなり、奉仕を続ける叔母からペニスを引き離しました。

「早く入れさせてよ。もう待ちきれないんだから」

子どもがワガママを言うように迫ると、叔母もすんなり聞き入れてくれました。

「あせらなくてもいいのよ。時間ならたっぷりあるんだから」

「わかってるよ」

すでに私の頭には、叔母とセックスをすることしかありませんでした。

叔母に正常位の格好で寝てもらい、さっき指を入れた股間の谷間に、ペニスをあてがいます。心臓がドキドキといつになく高鳴っていました。

いよいよ待ちに待った瞬間だと、気持ちをたかぶらせて腰を突き立てると、ぬるりと一気に入ってしまいました。

「うっ……！　ああっ！」

奥まで挿入を果たすと、全身が溶けてしまいそうでした。童貞を喪失したとき以上の快感です。

私の下にいる叔母は、私の顔を見上げながら背中に手を回しています。

「どう？　こんなオバサンの体だけど満足してくれた？」

「う……うんっ、すごいよ。和美さんの中」

ぬかるんだ穴がペニスを締めつけてきます。これで五十代の体なんて驚きでしかありません。

どうにか持ちこたえた私は、気持ちを落ち着かせながら腰を動かしはじめました。

しかし興奮が先走って、そう長持ちしそうにありません。ほんのわずかな時間で限界が来てしまいました。

「ああっ、出ちゃうよ！」

そう言い終えたとき、すでに射精がはじまっていました。ドクドクと、たっぷり叔母の膣内に放ってやりました。体がしびれてつながったましばらく身動きができませんでした。

我に返ってペニスを抜くと、あそこから私が出した精液がこぼれ落ちていました。

「ごめん、こんなに早く」

「いいのよ。それだけ気持ちよかったんでしょう？　さ、もう一度洗ってあげる」

あらためて叔母は私の体を洗い流し、ついでに自分の体からも精液を指でかき出していました。

さすがに五十歳を過ぎては妊娠の心配もないでしょう。ただあまりに早く終わってしまったので、叔母を満足させることができなかったのが心残りでした。

それにしても目の前にある叔母の体は、抱き心地もあそこの具合も最高です。熟れた肌の色気といい、包容力たっぷりのやわらかさといい、若い女性にはない味わいでした。

そう思いながら叔母の手でペニスを洗われていると、再びムクムクと硬くなってきました。

「あら、また勃《た》ってきちゃった。元気いいのねぇ」

叔母は指を絡めながら、うれしそうに言いました。

となると当然、もう一回戦ということになります。せっかくなので風呂場を出て、私の自室で続きをすることにしました。

家には誰もいないので、二人で全裸で家の中を移動します。これもふだんはできない行為でした。

さっそくベッドに叔母を寝かせ、あらためて挿入する体勢になりました。

「今度はちゃんと和美さんのことを満足させるから」

「いいのよ、そんな気を使わなくても。マーちゃんが気持ちよくなってくれれば、それでいいんだから」

そう言ってくれましたが、内心ではやはり物足りなかったはずです。

今度こそはという気持ちで、私は叔母の両足を開き、再び正常位でペニスを挿入しました。

「あっ、あぁんっ……！」

深く腰を入れてつながると、叔母はうっとりと目を閉じたまま、色っぽく喘いでくれました。

初めて見る叔母の感じた表情です。それを見た私はますます興奮し、さらに強くペニスを突き立てました。

そのたびに、叔母の口からは「ああんっ」と声が溢れてきます。どうやら膣の深い部分にペニスが届くと感じるようでした。

「あっ、そこ……ダメッ。おかしくなっちゃう、はぁんっ……ああっ」

さっきは私のほうが快感に耐えきれずあっけなく達してしまいました。それなのにいまは立場が逆転し、私の腰使いで叔母が喘いでいるのです。

いったん射精したのと、膣の締めつけにも慣れてきたおかげで、私には余裕が出てきました。

「どう、ここが感じる？」

陰毛がこすれ合うほど強く腰を押し込むと、叔母は息を乱しながら何度もうなずきます。

最高の気分でした。こんなにも叔母を思いのままにできるなんて、自分に自信がみなぎってくるようでした。

「和美さん、これからずっとおれの女になってよ。なんだったらこの家を出て二人で暮らそう」

思い余って、私はそんなお願いまでしてしまったのです。

すると喘いでいた叔母も、さすがに真顔に戻りました。

「それはダメよ。私たちは結婚できないんだから……」

「じゃあ、この家にいる間だけでいいよ。浮気する旦那なんかより、おれが幸せにするから」

言いながら、私は腰を動かしつづけました。そうすれば叔母は私の言うことを聞いてくれると、そう読んでいたからです。

「あっ、ああんっ！　いいっ、もっと……」

「ね、いいよね。いっしょになろうよ」

とうとう叔母も根負けし、私の腰にしがみつきながら、こう言ってくれました。

「わかった、マーちゃんの女になるから……もっといっぱい感じさせてぇ！」

それを聞いた私は、悦びで体が震えてきました。同時に射精も迫ってきていました。

私はさらに激しく腰を使い、膣の奥深くにペニスを押し込みました。

「ううっ……！」

ひときわ強くなった快感に押され、二度目の射精です。

ぬかるんだ膣内に包まれながら、私はしばらく余韻にひたりつづけました。

そのとき感じていたのは、中出しをしてやったことと、これからも叔母の体を自由にできるという二つの達成感です。もちろん冗談などではなく本気でした。

さっきまで乱れていた叔母も、終わってしまうといつもの顔に戻っています。まるで何事もなかったかのような態度に不安になった私は、あらためて確認しました。

「さっき言ったこと、ウソじゃないよね？」

「わかってる、ちゃんと覚えてるから。でも、家の人には見つからないようにね。それだったらいつでも抱かせてあげる」

期待していたとおりの答えに私はホッとしました。

こうして私と叔母は、この日を境に男と女の関係になりました。

家族の目を盗み、お互いの寝室を行き来してセックス三昧の日々です。さすがに家族がいるときはいっしょのお風呂には入れないので、その点だけが不満でした。まるで同棲している恋人同士か、夫婦のような関係です。このまま叔母と暮らしていけるなら、ずっと独身のままでもいいかと、そう思っていました。

ところがそうした日々も、突然終わりを告げました。

叔母の旦那さんが家にやってきたのです。浮気したことを深く反省し、私たちの前で土下座までしたことで、ようやく叔母の怒りも収まったようでした。

二人だけの話し合いの末、叔母は翌日には旦那さんの家に戻ってしまいました。

現在の私は妻と子どもを抱え、落ち着いた平和な家庭を築いています。もちろん浮気などしませんし、妻ともうまくやっています。

しかし私の心のなかには、いまでも叔母とのセックスの記憶が、消えずに残りつづけているのです。

筋骨隆々な義父の逞しい腕に抱かれ忘れていた女の部分が疼きだし……

吉本多恵子　主婦　五十一歳

義父が山菜を取りにいって誤って崖から落ち、背中に怪我をしたので様子を見てやってほしいと、私が夫に頼まれたのは三カ月前のことでした。

義父が一人で住んでいる夫の実家は、車で一時間ほどの距離にあります。

ふだん、義父のほうから自分で作った野菜や山菜を届けにきてくれたり、うちから何か届け物をしたりと行き来はあるのですが、やりとりはたいてい夫がしていたので、私が一人で行くのは初めてのことでした。

今年で七十五歳になる義父は、若いころにウエイトリフティングの選手だったと聞いていています。言われてみれば確かにガッシリと体が大きく、顔の堀りが深いのでパッと見はちょっと怖い印象を抱いていました。そんなわけで、昔から苦手意識があったのですが、怪我をしたということなら放っておくこともできません。

夫は仕事で忙しいとのことなので、平日の日中は家にいるだけの私が、車に乗って一人で義父の元を訪ねました。

義父の住んでいる家は、私たちが暮らしているそこそこ大きな地方都市から一時間とは思えないほど、ずいぶん山奥に入り込んだ場所にありました。これまで夫といっしょに何度か行ったことはあるのですが、周囲に民家も見あたらず、夜などさびしさを通り越して怖さを感じるほどです。

家自体は古くて広い二階建ての母屋《おもや》とプレハブの納屋《なや》、裏手には畑という田舎の農家にありがちなものでした。もっとも、義父の代から農業をやめて勤めに出ていたそうですが。それでも年金暮らしで暇を持て余すようになってから、トレーニング代わりに畑仕事をしていると義父から聞かされたことがあります。

同様に、納屋の半分はボディビルの道具で占領されていて、いまでもときどき、体を鍛えているようでした。

そんな夫の実家に到着したのは、昼下がりの時刻のことです。納屋の脇に車を停めて、縁側から母屋をのぞき込むと、ランニングシャツにステテコ姿の義父が、居間で寝そべってテレビを観ていました。

外から挨拶をして母屋に上がり、七年前に亡くなった義母が祀《まつ》られている仏壇に線香を上げた私は、あらためて義父に声をかけます。

義父は、傷に当てているガーゼを胸から背中にかけて巻いた包帯で固定していて、とても痛々しく見えました。

「こんなもの大したことないんだ。心配いらねぇよ。わざわざ来ることはなかったのに」

「ずいぶんとご無沙汰をしていたので、たまにはと思って」

「裏の山で山菜採るのに夢中になって、足をすべらせちまってな。崖を転がり落ちて、このざまよ」

お茶を運んだ私に、ぶっきらぼうにそう言った義父は凄みのある笑みを浮かべました。あるいは、照れもあったのかもしれません。

聞けば、怪我は折れた木のとがった部分で負った裂傷で、骨に異常はないとのことです。それでも、背中のガーゼは自分では取り換えることができないようでした。

見れば、義父が座っている周辺は散らかり、流しには洗い物も溜まっているようです。そこでまず、一通りの家事をすませたあとで、私が背中のガーゼを取り換えることにしました。

「そんなの、次に病院へ行ったときにやってもらうから、いいよ」

「いつまでも同じガーゼのままじゃ不潔だし、せっかくですから取り換えましょうよ」

やはり照れがあったのでしょう、いやがる義父を促《うなが》し、ランニングシャツを半ば強引に脱いでもらいました。

着衣の上からもわかる肩幅や腕の太さ、胸の厚みから想像はしていましたが、初めてじかに見る義父の体は逞しく、ある種の色気のようなものまで感じられました。

考えてみると、私にはもともと筋肉フェチの一面があります。夫もこの義父の影響でラグビーを始めたおかげで、若いころは立派な体をしていました。そこにひかれて、交際から結婚へと進んだのです。もっともいまでは、仕事で飲むお酒や不摂生がたたって腹回りにぜい肉がつき、見る影もありませんが。

ともかく、そんな私ですから、年齢を感じさせない義父の体に思わず見とれてしまいそうになりながら、同時に恐るおそるという感じでガーゼの交換を終えました。

(それにしても、年齢のわりにすごい体ね)

ため息をつきそうになりながら、包帯を巻き直していたときです。

体の前に回って義父の体を抱き込むように包帯を背中側へ回した刹那、いきなり万力のような力で抱きすくめられました。

「え！　お義父《とう》さん、何を？」

私は驚いて声をあげましたが、お義父さんはビクともしません。抵抗しようにも、相手がケガをしていると思うと遠慮してしまってどうにも力が出せませんでした。

それだけではなく、ステテコ越しに硬くなったものを下腹部に押しつけられていることに、私は気づきました。

「ひぃっ！」

心底驚いた私は息を呑んで、腰を抜かしかけました。

七十五歳という年齢、義父という立場から、まったく警戒心を抱いていなかった私は、意表を突かれた思いです。

「やめて、お義父さん、冗談はもうやめてください」

身動きできない私は、そう声を出すのがやっとでした。

義父の分厚い胸板で乳房を潰されていて恥ずかしく、また息が詰まって、それ以上の大きな声も出せません。

と、そのとき、義父が顔をゆがめて、不意に力をゆるめました。

「やはり、ちと痛むな」

首をひねる義父の胸からすかさず飛び出した私は、へたり込みそうになりながら肩で息をつきました。

そんな私を見おろした義父は、もう用はないとばかりに手で追い払う仕草をして、

「来週、また替えにきてくれや。ご苦労さん」

と言いました。いったいどういうつもりだったのか、私は聞くこともできずに脚をふるわせたまま逃げるように車に乗り込み帰宅しました。

実際には抱きすくめられたというだけなので、その出来事は、誰にも話すことができませんでした。

なによりも相手は怪我をした七十五歳の老人で、しかも義父です。夫に話しても、バランスを崩してもたれかかったんだろうと言われたら、言い返せそうにもありません。

けれど、このままなら私は、来週また義父に会いにいかなければならないのです。

それを思うと、何か心が重くなるような、その一方で、行かなければ、というような不思議な気分になっていました。

それからの一週間、落ち着かない日々を過ごしました。

なにより、体の大きな義父に突然抱きつかれたときの恐怖とショックはとてもいい

表せません。

（お義父さんは、どんなつもりだったのかしら？　口べたでぶっきらぼうな人だから、冗談のつもりだったのかな）

一度はそう考えたものの、すぐに下半身に押しつけられた義父のものの感触がよみがえります。

（やっぱり、私を女として見ていたとしか思えない）

五十一歳の私を、そのような対象としていたことに少なからぬ驚きがありました。

私はといえば、夫とはもう十年近くも夜の営みがなくなっていましたし、子どももいますから、周囲からは誰々のお母さんとしてしか扱われません。いまさら私のことを女として見る人がいるなんて思ってもいなかったのです。

あの出来事から三日目の夜、また義父のことを考えはじめ、なんとも言いようのない複雑な思いに襲われた私は、夫の寝息を確かめると、洗面所に向かって鏡の前に立ちました。

顔立ちは、若いころはきれいだと言われましたが、いまはお化粧をしないととても自慢できるようなものではありません。

続いて私は、一枚一枚服を脱いでスタイルをチェックしていきました。

体形はお尻が大きすぎるのが相変わらずのコンプレックスで、乳房はまだ張りがありますがこれも大きいのでやや垂れてしまっています。やがて、すべてを脱いでしまうと、義父の逞しい体と強い力が思い出されて、ほとんど無意識に自分の体をなで回していました。

思えばもういつ閉経してもおかしくない年齢です。風前の灯《ともしび》のような女の部分が、体の奥で燃え盛っているような気がして、私はふと自分自身がかわいそうになってきました。

結婚してからは主人しか男を知りませんし、子どもができてからはセックスの回数は年々減り、女としての悦びをいちばん味わえるはずの四十代には数えるほどしかしていません。それに主人はもともと淡泊でしたから、エクスタシーに導いてもらったことなど一度もありませんでした。

けれど、義父は私を女として見てくれたのです。

あの驚きの底に甘い喜びがあることを、私はどうしても認めないわけにはいかなくなっていました。

義父とのこと、とくに押しつけられた硬いものの感触を頭に思い浮かべながら自慰にふけったのは、その夜のことです。

そこからは止まらなくなりました。自分を慰《なぐさ》めるたびに頭の中では人に言えない想像がふくらんで、次に義父と会ったらどうしようかと思いつめるようにして、そのことばかり考えていました。

そしてとうとう、答えが出ないまま、その日がやってきたのです。

昼下がりに義父の家に着いた私は、なるべく感情の迷いを気取られないよう意識してふるまいました。あれからまた何度か、考えを整理してみたのですが、なんといっても相手は義父なのです。世間的なモラルを思えば、あってはならないことです。

家事をすませ、ガーゼを替えて包帯を巻きなおすところまでは先日と同じでした。相変わらずぶっきらぼうで、何を考えているのかわからない義父に戦々恐々としながら、心のどこかでは期待していたに違いありません。同時に、私の中の女の欲望にブレーキもかけていたつもりでした。

しかし、包帯を巻き終えたのと同時に片腕をつかまれると、この一週間溜まっていたいろいろな思いが一度に吹き飛び、全身がカアッと熱くなってしまったのです。

「そう睨《にら》むな。見りゃあわかるんだよ」

粗暴な口ぶりながらも、義父の思いのほか優しい表情を見せられた瞬間、私は何も考えられなくなりました。

気がつくと、体を強く引き寄せられて唇を奪われ、乳房をわしづかみにされていました。まったく抵抗する気持ちはなくなっていました。こんなに激しく暴力的なアプローチは生まれて初めてで、それだけで頭が真っ白になりそうだったのです。もしかすると、私の中の女はそれを待ち望んでいたのかもしれません。

膝がガクガクとして立っているのもやっとの私を、義父は半ば振り回すようにして隣室に敷きっぱなしになっていた布団に転がし、後ろ手に襖を閉めました。そして私を見おろしたままステテコを脱ぐと、主人よりも遥かに大きい、硬くそそり立ったものを露出して私におおい被さってきました。

私は、義理の娘の仮面を脱ぎ捨てました。

「お義父さん、待って!」

「なんだ、いまさら」

一瞬、鼻白んだ義父ですが、私の表情から変化を感じ取ったのでしょう、腕の力を抜いて体を離しました。

立ち上がった私は、義父に背中を向けるとスカートのホックに指を伸ばし、自ら服を脱ぎはじめました。

先日、洗面所で一人確かめた自分の体を、義父がどう思うか心配だったのですが、思いきって正面を向きました。

「このことは、絶対に内緒ですよ」

「ああ、わかっとる。それにしてもあんたは、せがれにはもったいない嫁、いや、女だな」

「そんなこと言わないでください」

「その大きな尻といい、たっぷりとボリュームのあるおっぱいといい、こんなにそそる女に出会ったことはないぞ」

もちろん、夫からついぞそんなことを言われたことはありません。

「お義父さんこそ、ふだんから体を鍛えていただけあって、とてもお若いんですね」

再び私を押し倒そうとする義父から体をかわした私はひざまずき、うなずきかけました。すぐに察した義父は、立ち上がるとそそり立ったものを私の鼻先に突き出したのです。

（これが欲しかった！）

ドキドキしながらそう思った私は、義父のものを握りました。まるで年齢を感じさせない硬さ、それも、いやらしく太い血管が浮き上がり、筋肉と同じようにゴツゴツとした手ざわりが、いっそう、私を興奮させたのを覚えています。

私は躊躇《ちゅうちょ》することなく、大きく張り出した逞しい亀頭を頬張りました。後は愛おしいものを扱うように、口内でていねいに舌をからめます。

「うん、なかなかいいぞ」

若いころの夫なら、これだけでもう暴発しているところです。けれど、義父は余裕しゃくしゃくといったふうに告げました。

「今度はこっちの番だな。わしは、自分がされるより、こっちから女にするほうが好きなんだ」

腰を引いて、私の口から、ちゅぽっと音を立てて抜き出された義父のものの先端から、唾液が糸を引きました。

義父は意外な優しさで私を布団に横たえたかと思うと、両膝をつかんで大きく左右に広げました。

「ダメです！　恥ずかしい！」

反射的に脚をすぼめようとしましたが、強い力がそれを許しません。

私は恥ずかしいあの部分どころか、お尻の穴まで目の前にさらされてしまった格好です。

「すごく濡れてるじゃないか。クリも剝き出しになってるし、いまさら隠すこともないだろうに」

ちょっと笑った義父は、私の恥ずかしい部分に顔を埋《うず》め、いきなり舌先をいちばん敏感な部分に伸ばしました。

「あっ！　あっ！」

義父の舌先は敏感な部分をつつくだけではなく、前後左右にこねくり回します。ついぞ忘れていた体を走る快感に、気がつくと私は腰を浮かせていました。それを見て取った義父の舌先は、さらにお尻の穴まで伸ばされます。

「それはダメぇ！」

私は体をよじって、なんとか逃げようと試みました。

「まだまだ、これからが本番だからな」

顔を上げた義父は、あらためて私を抱きしめました。

引き寄せる太い腕、筋肉のかたまりともいってよい分厚い胸、そして義父の体臭を感じ、私のかすかに残っていた理性は完全に吹き飛んでしまいました。

「ください！　お義父さん、早くくださいっ！」

「いいとも、本当の男ってもんを教えてやるさ」

その言葉が終わらないうちに、熱く硬く大きなものが一気に私を貫きました。

「あーっ！　大きいぃぃ！」

無意識のうちに、私ののどの奥から声が絞りだされました。

わたしのあそこの内部だけではなく、体中が義父のものでいっぱいになった感じです。しかも、それが暴力的な動きで往復し、ときにかき回されたりしたのですからたまりません。

「ダメ！　ダメダメダメダメー！」

自分の体のコントロールが利かなくなったと思うと、私の体はビクンビクンと跳ね上がりました。

「なんだ、もうイッちまったのか？」

挿入したまま一度動きを止めて、上から私を観察していた義父は、またぶっきらぼうに、それでいて楽しそうに尋ねましたが、ぐったりとした私は返事をすることもできません。

(ああ、私はこんな女だったんだ。よりによって女が終わる前に、こんな悦びを知ってしまうなんて)

私は、ぼんやりとそんなことを考えていました。

二人とも汗だくになったせいでしょう、私と義父の混ざった体臭が、私に不思議な興奮をもたらしました。

「そうだな、それじゃあ、次はこんなのはどうだ？」

相変わらず私とつながったままの義父は、汗でぬめる私の腰に腕を回すと、そのまま膝立ちになって、体ごと引き寄せあぐらをかきました。それで自然と、対面座位の体位になったのです。

義父のものが、より深く私の中にもぐり込み、奥を強く圧迫しました。

「あーっ！　深い！」

その姿勢で、しばらく乳頭を吸われていた私は、早くもまた体を小刻みに震えさせはじめました。

「まだまだ、こんなもんじゃないぞ」

今度は尻を両手で抱えた義父は、小さく「よっこいしょ」と声を出すと、なんとその場で立ち上がったのでした。もちろん、私のあそこに深く侵入させたままでです。

その足腰の強さと筋力には、驚かざるをえませんでした。

しかも、七十五歳という年齢の怪我人です。もちろん、その場ではそこまで考える余裕などありませんでしたが。

「お義父さん、すごい！　すごすぎるっ！」

「ふだんから体を鍛えているからな。この程度なら楽なもんだ」

とくに息づかいを荒らげることもなく、義父は立ったまま激しく突き上げます。

私は必死にしがみつき、髪を振り乱して絶叫しました。

「奥のほうが押し上げられちゃうぅぅ！」

奥を突かれる、などという生やさしい刺激ではありません。私の叫びそのままに、子宮そのものが太く硬いものでグイグイとお腹の奥に押し込まれる感覚で、私は義父の肩に顔を密着させました。

そして私は、二度目の大きな快感の波に吞み込まれたのです。

しかし義父は、まだ果ててはいませんでした。

やっと凶暴なものを抜くと、私を布団におろし、腹這いにさせます。そして、息つく暇も与えず、今度は背後からまた私をむさぼるのでした。

もう私はぐったりとしてしまい、義父にされるがままでした。

私の腰を皮の硬い両手でがっしりとつかみ、引き寄せた義父は、ゆっくりと味わうように腰を前後させます。

「お前の尻、いい眺めだな」

「そ、そんなこと言わないでください。恥ずかしい……です」

自分の体でふだん、気にしていた部分をほめられた私の中で、また女の感情が燃え上がりました。

と、いきなり動きを止めた義父が命じたのです。

「さすがに少し疲れたな。今度は、お前が動いてみろ」

初めての快感に溺れて判断力を失っていた私には、拒否などできません。

(私はもう、お義父さんの言うがままになってしまった。でも、それでかまわない！)

そう思った瞬間、三度目のエクスタシーが、突然訪れました。

「あっ、あっ、あーっ！」

義父は獣そのものでした。

底しれない体力だけでなく、何もかもを見抜いてしまう鋭さもあります。

先週来たときから私自身でも気づいていないところまで見透かされていたんだと思い、もうどんな虚勢も、どんな嘘も、どんな体裁も捨て去って、欲望のままに叫び、悶《もだ》え、求めるしかありませんでした。

義父がやっと奥深くに注ぎ込み、行為が終わってからもしばらく動くことができず、私は、布団に転がったまま初めての深いエクスタシーの余韻にわななきつづけていたのです。

「やっぱりお前は、せがれなんかにはもったいない女だよ。抱かれたくなったら相手してやっから、また来いよな」

「は、はい」

ぶっきらぼうな口調の義父の声が、まるでどこか遠くからのもののように思えました。

あれから三カ月、義父の傷はもう治りましたが、私はいまも週に一度、夫の実家に通っています。

夫には、自分も畑仕事に興味を持ったので、手伝いがてら義父にいろいろ教えてもらっているのだと言ってありますが、疑っている様子はありません。

もちろん罪悪感はありますが、もう誰も私を女として見てくれない以上、火のついてしまったこの体を鎮めてくれるのは義父以外にいないのです。

そして、なにより女として、ただただ我慢することができない私なのです。

引きこもる息子の性処理を心配し屹立したペニスを咥え込んだ過保護母

櫻井正江　アパート経営　六十五歳

四十歳になる私の息子は、学生時代の不登校からほとんど引きこもりでした。

夫が代々受け継いだ土地を活用して不動産業を営んでいましたが、十年ほど前に癌を患《わずら》った折に会社を整理し、いまはアパートが何棟か残っているだけです。

それでも毎月の家賃収入がありますので、夫の死後も母子が食べていくのに不都合はありません。そんな境遇に対する甘えもあるのでしょうが、息子は一日何をすることもなく、日々ただ生きています。

それは私にしても同じようなもので、二人で老後の隠居生活を続けているような按配です。

最近、そんな息子とセックスをするようになってしまいました。

もちろんいけないことだと、人の道にそむくことだと頭ではわかっているのですが、浮世を離れて暮らしていると、人様にご迷惑をかけるでもなく、何が悪いことかと開き直りたいような気持ちもわいてくるのです。

きっかけはひょんなことからでした。

息子は日々、昼食後に昼寝をするのですが、用事で起こしにいった際に、息子のペニスが勃起しているのに気づいてしまったのです。

朝勃《あさだ》ちとか入眠勃起と言われるものなのでしょう。もともと、掃除の折などに、息子の部屋のゴミ箱にオナニーのあとのティッシュは見つけていましたから、息子がまだまだセックスを必要とする年齢であることは知っていました。

それでも、やはり実際に目にするのとは違います。息子の肉体の欲求の切実さがリアルに感じられ、胸に迫るものがあります。

けなげに勃起して下着を持ち上げる息子のペニスは痛々しくさえありました。

それからは、息子が昼寝をするたびにこっそり部屋に忍んでいって、股間をチェックするのが私の習慣になりました。

入眠勃起は毎日ではなく、月に一度か二度のようでした。

そしてあるとき、いつもにも増して大きく硬くなってパンツをテント状態に持ち上げるペニスを見て、私は我慢できなくなったのです。

（ああ、息子は、息子のペニスは、女の肉体を知ることもなくこのまま朽ちていくのかもしれない）

そう考えると、不憫《ふびん》でなりませんでした。

せめて私が女の肉体を教えてやろうと、そんな気になったのは、我が子を思う母心からでした。

私は、眠っている息子のベッドの脇に膝をついて、股間に手を伸ばしました。

下着の布地を指でつまんでずらして、窮屈そうなペニスを開放しました。

ぴょこんと弾みをつけてペニスが揺れます。子どものおもちゃのような滑稽《こっけい》な動きに思わず笑みが浮かびます。

同時に鼻をつく中年男の性臭が匂い立ちました。その刺激臭は私の鼻腔を直撃し、胸を高鳴らせ、下腹を熱くさせました。

私はたまらなくなって、身を乗り出してペニスに顔を近づけました。

そのまま頰ずりします。性臭がますます強くなりました。

私は唇をつけ、舌を出して茎から亀頭に至るまで這わせました。舌先でくすぐるようにカリを舐め回し、恥垢も舐め取りました。

それは苦い味がしました。塩気もあり、甘味もあり、舌先がしびれるような嫌忌感が、逆に私を夢中にさせました。

私は口を大きく開けて、がっぷりと亀頭を咥え込みました。

舌先を亀頭に絡めていじります。ぱんぱんに膨れ上がった海綿体が、またぐっと硬くなったように感じられました。

「な、何をしてるの？　お母さん……！」

さすがに目を覚ました息子が、半身をもたげてこちらを見ていました。

あまりの驚きに目を真ん丸に見開いて、その間抜けでかわいい表情は、赤ん坊のころのままでした。私の胸に愛おしさが溢れました。

「いいから、そのまま寝てて。出しちゃいたいんでしょう？　お母さんが、出させてあげるから」

私はそう言うと、身を起こそうとする息子の胸を押しやって再び寝かせ、フェラチオを再開しました。

限界まで深く咥え込みます。のどの奥に亀頭の先端が当たり、思わずえずきます。

「うえ、うう、おえ、ええええ……」

どっと唾液が込み上げて、だらだらと陰茎を伝います。

私は根元に絡ませた指で茎から玉袋までぬるぬると唾液をなじませ、塗りのばしました。

「お母さん、もういいよ。やめてよ……」

嘔吐感に涙がこぼれ、私の顔は涙とよだれで壮絶なことになっていたみたいです。

恐れをなした息子が私をやめさせようとしました。

「いいから。お母さんに任せておきなさい！」

私は叱りつけるように言いました。

子どものころから、親の言いつけに逆らうような子ではありません。息子は観念した様子で、私に身をまかせました。

私は、咥え込んだペニスを頬の筋肉で締めつけるように吸い上げました。真空に近くなって口腔内と陰茎が密着します。

「うう、ああ……」

息子が切なそうにうめきました。

きっと、気持ちがいいのでしょう。私はうれしくなって、さらにペニスに吸いつき、頭を上下させて、肉茎をしごき上げました。じゅぷじゅぷと唾液が泡立ちます。

どれくらいの間そうしていたでしょう。

筋肉疲労であごにも首筋にも疼痛《とうつう》がありました。でもやめられませんでした。

私は何かにとり憑かれたように、夢中になって息子のペニスにむしゃぶりついてフエラチオに没頭しました。

やがて絶頂が近づいた息子の四肢にぐっと力がこもり、筋肉が硬直しました。口の中で亀頭がぐっと膨張したかと思うと、次の瞬間、私の口の中で破裂しました。びゅるびゅると粘度の高い精液が迸りました。つんと鼻につくカルキに似た男の精が匂い立ちます。

びっくりするくらいに大量の精液でした。

私はごくごくとのどを鳴らして飲み下しました。尿道の残り汁もじゅるじゅると音を立てて吸いつき、飲み干します。

一滴も残すまいとする自分の貪欲さに、正直あきれてしまうくらいでした。

それでもペニスから口を離すことはできませんでした。

ぐったりとベッドに脱力した息子の肉体をなでさすりながら、私は力を失って萎《しぼ》んだペニスを口の中でもてあそびつづけました。

萎縮《いしゅく》したペニスは傷ついた小動物のようで、それはそれで愛おしく、生まれたての仔猫をいつくしむ母猫のように、いつまでも舐めつづけました。

息子の呼吸がととのったころ、また、ペニスに勃起の兆《きざ》しが現れました。

「ねえ、お母さんの中に入れてみたくない？」

息子の下腹に頬をつけて、息子の顔を見ながら私はそう言ってみました。

「でも、それはやっぱりいけないことなんじゃないかな……」

目をそらして、もごもごと口ごもる息子でしたが、一方でペニスがぐっと大きくなりました。

それがなによりの返事でした。

「本当はしたいんだよね？」

私は、ベッド脇に立ち、衣服を脱ぎ捨てました。

六十五歳の肉体を息子の目の前にさらすのは恥ずかしくもありましたが、あえてそうしてみたかったのです。

「お母さんの体、きれいだよ……」

私の羞恥心を察してか、息子がそう言ってくれましたが、そう言われるとよけいに恥ずかしさが募《つの》りました。

こんなことならもっと若くて美しいころの裸体をしっかり見せておけばよかったと後悔しました。

私は息子の下腹に跨《また》がり、逆手に取ったペニスを女陰に迎え入れました。

フェラチオしていたときから私の陰部はとっくに濡れていましたから、挿入に問題はありませんでした。

硬さを取り戻した亀頭が陰唇をかき分け、膣口を押し広げて、私の中に入ってきました。

まさにここから産まれた息子を、その一部だけとはいえ、再び迎え入れるのは、母親にとって感慨深いものでした。

「あ、温かい。というか、熱い……!」

息子が言いました。

「これが、女の体なんだよ」

私はそう言って眼下の息子に微笑みかけました。

一方で腰をおろして、完全にペニスを呑み込みました。

「あぁああぁ……」

快感が沸き起こり、思わず喘ぎ声が洩れてしまいました。

思えば膣内にペニスを迎え入れるのは何年振りでしょう。

夫の生前もほとんどそういうことはありませんでしたから、十年、二十年振りといったところでしょうか。

それを不自然とか不満とか思ったことはありませんでしたが、いざ挿入してみると、これまでコレなしでよく我慢できたものだと思わずにはいられませんでした。

やはり人の肉体はセックスを必要としているのです。それは年齢に関係なく、生きている限りはずっとそうに違いありません。

「あぁあ、あああああん……！」

私の喘ぎ声はどんどん大きくなりました。

言うまでもなく、こんな声を出すのもほんとうに久し振りのことでした。

「お母さんも気持ちいいの？」

「気持ちいいよ。あんたのおち○ちん、すごく気持ちいい……！」

腰が勝手に動きだし、円を描くようにぐるぐると回ります。

膣内の内側を息子のペニスがこすり、腰の動きでその位置が微妙に変わります。その変化に応じて快感の度合いも変わりました。

「あ、ああ、あんん……！」

その変化にいちいち反応しながら、ビクンビクンと尻が跳ねます。それがまた新たな快感を生み出すのでした。

「あん、ああんん。すごい。すごく気持ちいい……！」

私の腰の動きはどんどん大きくなり、まるでトランポリンの上にいるかのように、息子の下腹部の上で飛び跳ねました。

「ああ、だめ。もうだめ。このまま、どこかに飛んでっちゃいそう……！」

私は思わず息子の手を取りました。息子が握り返してくれます。

彼が子どものころ、手をつないだのはもう何十年も昔のことですが、その手の感触は変わりません。

いえ、もちろん立派に成長した力強い男の手です。でも、なつかしさの感じられる変わらない何かがありました。

「ねえ、おっぱい、さわって」

私は握りしめた息子の手を、自分の胸に導きました。息子は、最初はおずおずと、やがて力を込めて、私の乳房をもみしだきました。

「ああ、気持ちいい。もっともんで！好きにしていいんだよ。このおっぱいはあんたのものなんだから……」

息子が半身を起こして、乳房にむしゃぶりつきました。乳首を口に含んでちゅうちゅう音を立てて吸いつきました。

「あぁあああ……」

しびれるような快感とともに、どっと愛おしさが込み上げます。

母乳で育てた息子です。赤ん坊だった息子を胸に抱いたときの感動は生涯忘れることはありません。

でも、その感動をもう一度リアルに味わう機会に恵まれるなんて。

私は無我夢中で息子の頭を胸にかき抱きました。乳房で息子を窒息させそうになるまで強く抱きしめました。

息子はベッドの上に胡坐《あぐら》をかいて座り、私は両脚を彼の腰に巻きつけるようにしました。この体位は挿入がいちばん深くなり、ペニスの先端が膣内のいちばん奥の部分を突き上げて、痛みがあるくらいでした。

「あああぁあああんん……！」

私はあまりの快感と衝撃に耐えきれず、逃れようと後ろにのけぞりました。でも息子は私の腰を両手で抱え込んで、逃がしてくれませんでした。

挿入の角度がまた変わり、今度は恥骨の裏側あたりが強くこすれました。

ここは膣内でもいちばん敏感な箇所です。はからずもそこに刺激を受けて、私はまた大声を出してしまいました。

「ひぃいいいぁあああああ！」

悲鳴のような大声でした。私は陸揚げされた魚みたいに、じたばたと身をよじって身悶《みもだ》えました。

私があんまり暴れるからでしょう。息子は中腰になって私におおいかぶさり、押さえ込みにかかりました。

はからずも正常位の体位になり、息子がピストンを始めました。

さすがに初めての経験だけあって、それはぎこちないものでしたが、逆にその朴訥《ぼくとつ》さに息子の人のよさが現れているようで好感が持てました。

「ねえ、待って。あわてなくていいんだよ。もう少し落ち着いて動けばいいの」

私は、息子の尻を両手でつかんで、リズムを示唆しました。

「こう、こうかな……」

要領をつかんだ息子のピストンはすぐにちょうどいいリズミカルなものになりました。思ったとおりです。やればできる子なんです。

「ああ、そう。じょうずだよ。気持ちいいよ。あぁああ……！」

私は安心してピストンを息子に任せて、快感に身を委《ゆだ》ねました。深く浅く、息子の腰の動きに合わせて、ペニスが膣内を出入りします。

がんがんと、アソコから脳天まで快感が貫きました。焼け串が突き抜けるような感覚でした。

「ああ、すごい。すごいよぉう！　気持ちいいよぉう！」

私は息子の体に下からしがみついて、大きすぎる刺激に耐えました。

「また、出しちゃいそうだよ」

息子が荒い呼吸をしながら言いました。

「いいよ。そのままイッていいよ。中に出して」

もちろんとっくに生理はありませんから、中出ししていけないことなんてありません。外に恋人を作ったり、風俗に行くなら病気の心配もあるでしょうが、私たち母子のような世捨て人には、そんな心配もありません。

息子のピストンが切羽詰ったものになり、ぐい、ぐいっと、奥に入ってこようとしました。私も息子の背中を抱える腕に力を込め、さらに両脚で尻を抱えて、息子の射精を受け止めました。

閉じていた目を開けると、正面に私をのぞき込む息子の愛おしい顔がありました。

ひたいからあごから顔中汗みずくの息子の、水滴になった汗の一滴が落ちました。

それはまるでスローモーションのようにゆっくりと私の目に落ちました。

その日以来、そのようなセックスを日々繰り返している母子なのです。不謹慎だ不道徳だとのご批判は甘んじて受ける覚悟です。

それより気になるのは、そういう関係になってから、息子に子ども返りがあるような気がすることです。ほんとうに子どものころのような我がままを言うようになったのです。

食べ物もハンバーグや甘口カレーなど、子どものころに好きだったものを作るようにせがみます。素直に言うとおりにする私も私ですが、「あーんして」などと、食べさせてあげたりもします。

悪戯も子どもみたいで、料理で手が離せない私の背後に立って、お尻にさわったり、スカートに手を突っ込んできたりします。包丁や火を使う料理のときにそれをされると、手元が危ないからやめなさいと何度言い聞かせてもききません。

先日も、足元に座り込んでスカートに頭を突っ込み、指先をパンツに差し込んで、膣内にまで挿入してきました。

そのときはさすがに料理を中断して、ソファでセックスをしました。息子はこれまでに誰ともセックスできなかったぶんを取り戻すかのように、私とのセックスにハマッています。

そんな息子を持て余してしまうこともないわけではありませんが、それでも息子を愛する気持ちが変わることはありません。

それに、セックスにハマッているのは私も同じかもしれません。

いまさら誰ともセックスしない、うるおいのない生活には戻れません。それは砂漠の砂を嚙むような味気のない日々でした。

だから息子の誘いを断ることができなくて、どこまでもつきあってしまうのでしょう。

最近はお風呂もいっしょに入ります。お互いの体を洗い合うのは、私にとってはなつかしい幼児時代の再体験であり、息子にとっては、やがて介護が必要になるであろう私の入浴介助の予行演習のようなところがあります。二人で泡だらけになって抱き合うのはとても楽しく、いつも長湯になってしまいます。

とにかく、人は一人では生きていけないし、愛情がなくては生きている意味がありません。そして、肉体同士の接触がないところに愛情は保てないのです。

私たちはお互いの体を洗い合ったあと、お互いの性器を愛撫します。

バスタブの縁に腰かけた息子に、半身浴状態でフェラチオしてあげます。息子が満足すると交替して今度は私のアソコをクンニリングスしてもらいます。

息子に性器を舐められる羞恥心はなかなか消えませんが、いずれほんとうに介護になれば、息子に下の世話まで頼むことになるわけですから、いつまでも恥ずかしがってはいられません。

オーラルセックスが一段落すると、そのまま風呂場でセックスになることもあります。お気に入りなのは、壁のタイルに手をついて立ったままで、背後から息子を受け入れるやり方です。

息子は私のお尻の肉を両手でつかんで開き、そこに下腹部を押しつけるようにして挿入してきます。

肛門までがしっかり見られてしまうので羞恥心はひとしおですが、それもすぐに吹っ飛んでしまうくらいの衝撃があります。

これはこれで挿入角度が独特で、嫌いではありません。

ただ、ほかの体位と比べて、より体力を使うような気がして、こればかりだと、私が疲れてしまうのが難点でしょうか。

お風呂から出て、そのままベッドに向かうこともあります。息子が射精に至らなかったときなどは必ずそうします。

ただでさえ長風呂なのに、いつまでも続けていてはのぼせてしまいますから。そこは注意が必要です。

風呂上りに私がへとへとになってしまったときは、息子が射精するまでフェラチオしてあげます。

夫相手にフェラチオをしたことがあったかどうかは覚えていません。たぶんしたとしても求めに応じてやったことだと記憶しています。

自分から望んでしたことは一度もなかったはずです。そんな私ですが、なぜか息子のおち○ちんを舐めるのは大好きです。何ならいつまでも、ひと晩中でも舐めていたいとさえ思うほどです。これも私が息子の母親だからでしょうか。

息子を愛し、息子に愛される日々は、きっと母親冥利と言ってしまってもいいのかもしれません。

〈第四章〉

姉との相姦で目覚める淫らな快楽

幼い頃から恋焦がれてきた実の姉を義兄の葬儀のあとに犯した鬼畜弟

辻村秀生　会社員　五十歳

近親相姦した方の手記などを読むと、多くの方が道ならぬ行為に溺れている罪悪感や背徳感に悩んでいるらしいので、私は驚かされます。

というのも、私はそうではないからです。私は現在、実の姉と肉体関係をもっていますが、私の心の中には欠片《かけら》ほどの罪悪感もないからです。

私は思春期のころから姉を「女」として、性的な対象として見ていました。

姉の美幸《みゆき》は私の四歳年上です。私が性に目覚める中学一年のころには高校生で、体の線もすっかり成熟し、顔も大人びていました。

当時は誰にも言えませんでしたが、私にとってはあこがれの女性でした。私には同級生の女子は子どもに思えて、まったく興味が持てませんでした。姉ひとすじだったのです。

だから姉が二十三歳で職場恋愛の末に嫁にいったときは、大いに落胆しました。人知れず夜中に枕を濡らしたほどです。

本気で相手の男を殺したいとさえ思いました。ですが、実ることのない恋を諦めるいいきっかけだと考えることにして、自分を無理やりに納得させたのです。

そんな私の思いが再燃してしまったきっかけは、その相手の男である姉の旦那さんがまだ五十代の若さで亡くなったことでした。

これで姉さんが、自分のもとに戻ってきた。仮にも身内の不幸の報《しら》せに接しながら、私が最初に思ったのはそのことでした。

私自身もすでに五十歳、とっくの昔に結婚して高校生の子どももいます。

でも姉への思いの前では、そんなことは何の問題でもありません。

姉はもう五十代の半ばの年齢です。でも美しさは昔のまま、いや、昔以上に成熟した女性の魅力が加わっているのです。

若いころはモデル体型といってもよい、少しやせ気味でさえあった体つきは、適度に脂がのって、豊満と呼んでもいいような体つきになりました。

といっても、腹にぶよぶよと肉がついているような感じではありません。

姉夫婦は子宝に恵まれませんでした。でもそのおかげで、あの私が思春期のころからあこがれていた体のラインは崩れておらず、そのうえでバストやお尻のボリュームがアップしているという感じです。

喪服姿の姉を見たとき、私は息を呑みました。

和服に包まれた姉の体は、見ているだけでそのやわらかさがこちらに伝わってくるようでした。指をあてがったら、そのままどこまでも埋まり込んでしまいそうです。

そしてアップにした栗色の髪からのぞくうなじの色気。

もともと色白な姉の肌の白さが喪服の黒さで強調されて、輝くようでした。

さらに、悲しみで憔悴《しょうすい》しきった、涙に濡れた瞳。魂まで射抜かれる気分でした。

初めて姉を性的な目で見たのがいつのことか、もう思い出せません。でもかつての思春期のころの欲望が、自分の中に蘇《よみがえ》ってくるのを強く感じました。

私たちの親はもうすでにこの世にいません。夫を亡くして自失状態の姉に代わって私は葬儀のいっさいを取り仕切りました。

姉夫婦は、昔から私たち姉弟が住んでいた実家で暮らしていました。

先に書いたとおり、姉夫婦には子どもがいませんでした。二人だけでも広すぎるほどの家屋だったのに、いまはもう、姉一人になってしまったのです。

通夜も本葬もすませたあと、私は私たち姉弟以外に誰もいなくなった家の中に、二人きりになったのです。

仏間に行くと、姉はまだ喪服も着替えずに座っていました。

座っているというよりは、へたり込んでいるという感じでした。気力も体力もすべて失い、ただただ茫然《ぼうぜん》となって、そこにいたのです。

不謹慎ですが、私にとってはチャンスでした。

「姉さん、たいへんだったね……」

私が声をかけると、旦那さんの遺影を見つめていた姉が振り返りました。

その瞬間の姉の色気をどう表現すればよいのかわかりません。

泣きはらし赤くなった目の周り、そして匂い立つような黒い和装の色気。「凄艶《せいえん》」という言葉は、こんな女性の容姿を表すものではないでしょうか。

私の黒い礼服の内側で、思春期のころのようにペニスがたぎりました。

興奮を表情には出さずに、私は姉のすぐそばに座りました。

「これからは、なんでも、俺に言ってくれよ」

私がそう言って姉の肩を抱くと、姉は涙を目に浮かべながら、私の胸に頭をしなだれかからせてきました。

私はさらに強く肩を抱きしめ、姉のあごを反対の手でつかみました。そして姉の薄く口紅のひかれた唇に、そっと自分の唇を重ねたのです。

まさかそんなことをされるとは、姉も予想だにしていなかったのでしょう。不意を突いたので、キスはまんまと成功しました。

生まれて初めて、私はあこがれの姉とキスをしたのです。

姉は驚いて、逃げ出そうとしました。

「何……何を、するの……！」

でも、もちろん私が姉を逃がすはずがありません。

「姉さん、姉さん……！」

私の心はもう抑えられませんでした。

長年の夢だった、姉とのキス。それを達成したいまこの瞬間を逃したら、もう二度と姉と性的関係をもつチャンスはないと思ったのです。

私は姉の喪服の胸の合わせに手を入れて、強引に引き下げました。

「ああっ……」

力なく、姉が声をあげました。

あたりまえですが、これまで女性を力づくで犯した経験はありません。そして、いざそんな状況になると、ここまで興奮するものなのかと自分でも驚きました。

そうです。私は激しく興奮していました。すでに姉のそばに来たときにはガチガチに硬くなっていた股間のモノは、破裂寸前の状態になっていました。

五十代に入って、性欲は人並みに減退していたつもりでした。妻との交渉は、もう数カ月に一回もあるかどうか。でも、それがウソのように昂《たかぶ》っていたのです。

衣服の上からでもわかるそのペニスの盛り上がりを、私は姉に押しつけました。

「んんっ……あっ……！」

私の興奮具合に気づいて、姉は明らかに動揺を見せました。

「姉ちゃんだって、俺の気持ちには気づいていただろう……！」

私は強引に姉の喪服を脱がし、上にのしかかりました。はだけた胸の谷間が、私の目の前にありました。私は無我夢中で、そこに顔を突っ込みました。

「……もう、姉ちゃんは俺のものだ」

私は姉の肌をむさぼりました。年をとっても、私にとって姉の体は極上です。

もともと白い姉の肌が、かすかに赤く染まっています。間近で嗅ぐ姉の匂いに発情が止まりません。かすかに香水の匂いもします。

私は唇を、そっと姉の首筋に這わせました。

「ひっ……！」

舌先が触れた瞬間、姉が小さな悲鳴をあげました。体も震えています。

私が首筋を舐めながら姉の顔を見上げると、姉の視線は旦那さんの遺影に向けられているように思えました。

きっと亡くなった旦那さんのことを思って、罪の意識を覚えているのでしょう。

そんな姉を見て、私はかえって興奮してしまったのです。タブーを犯すことは私にとっては罪悪感ではなく、興奮材料でしかありませんでした。

(姉さん……俺が何もかも忘れさせてやるよ……)

私は心の中でそう思いました。

私の舌先は、首筋から乳房へと向かっていきます。

互いにもみ合っているうちに、乳首はすでに露出していました。年齢のせいもあって、少し色は濃くなっていました。しかし、茶色いというよりは赤味が強く、むしろ興奮しているように思えて、私にとってはうれしくもありました。

そしてその大きさは、思ったほど大きくはありませんでした。

私は自分の妻が年齢とともに乳首が肥大していったので、熟女というのは肥大した乳首の持ち主だと思い込んでいました。

しかしやはり出産を経験していないことが大きいのでしょうか、姉の乳首はつぶらなままです。もしかしたら大昔の子どものころ、姉と風呂に入ったころと、そんなに変わらないかもしれません。

そんなことを思っていたら、さらに欲情が止まらなくなってしまいました。

思えばあんなに小さなころから、私は姉に恋い焦がれていた気がします。そして永年の思いを、欲望を、いま遂げつつあるのです。

小さな乳首を唇でおおって、口の中で舌の先を使ってもてあそびました。

心なしか、小さな乳首がふくらんだように思います。私の心が昂りました。姉が私の舌に感じているのです。夫を失くしたばかりの姉が……。

「うっ、くっ、んん……！」

抵抗する姉の腕の力が弱まっていきます。姉は声をあげまいと我慢しているようにも思えました。旦那に申し訳ないからでしょう。でもそんな姉を、私は、どうしてもこの遺影のある場所で感じさせてやりたかったのです。

それは、愛する姉を奪った亡き義兄に対する、私の復讐だったのかもしれません。

私は姉の上半身を口で愛撫しながら、右手で姉の喪服のすそをめくり上げていきました。

もうすでに、太ももに手のひらが触れると、姉の体が大きく海老反りになりました。かなり体が感じやすくなっているようでした。

太ももをなでさすりながら、少しずつ上に手のひらを移動させていきます。

姉の吐息がどんどん荒くなっていきます。でも、もう抵抗はしていません。

喪服越しにも体温が上がっていくのを感じました。指先がその部分に到達したとき、私は思わず声をあげそうになりました。もしや、とは思っていたのですが、姉は喪服の下に下着をはいていなかったのです。

繁みに指先が触れた……そう思った次の瞬間には、その指先が濡れたのがわかりました。姉は、これまでの愛撫で性器を濡らしていたのです。感じていたのです。

指を包む姉の膣内は、信じられないほど熱くなっていました。

挿入した指を前後させるごとに、姉の体は大きく波打ちました。豊満なバストが揺れ、栗色の髪も乱れました。

私が唇に吸いつくと、今度は姉のほうから濡れた舌を入れて、絡めてきました。

そしてついには、私の背中に、自分から手を回してきたのです。

姉弟二人して、獣のようにお互いの口をむさぼりました。もう姉の頭の中には、旦那の面影はなかったと思います。私は義兄に勝ったのです。

「姉さん、脚を……」

姉から唇を離した私がそう言うと、姉は喪服の下の両脚を露《あらわ》にして、広げてくれました。目の前に、あこがれの姉の股間があったのです。

それは予想した以上に、なまなましいものでした。黒々とした恥毛はかなり密集しています。白い太ももとのコントラストで一本一本が艶《つや》やかに見えました。こんなに濃い陰毛を持っているとは、想像もしませんでした。

そしてその奥にある肉襞は、左右に開かれた脚につられるように、赤い口を開けていました。それはほんとうに真っ赤でした。私は一瞬、自分の指で出血させてしまったのかと思ったくらいです。充血してそこまで赤くなっていたのです。

「姉さん、濡れてるよ……」

私の声は震えていました。武者震いでした。

突き出した舌を近づけると、姉は目をそむけるような仕草を見せました。私は構わず黒々とした繁みに顔を埋《うず》めました。

「ああっ……！」

舌先が赤い肉襞に触れた瞬間、姉の口からひときわ大きな吐息が洩れました。

クリトリスはそれほど赤くなく、透き通ってさえ見えました。ツンと露出したその芽に舌先で少し触れたあと、さっき乳首にしたように唇で思いきり吸いついたのです。

姉が悲鳴のような喘ぎ声をあげています。でももう、けっして逃げ出そうとはしていませんでした。太ももを抱えてクンニする私の頭をなで回してさえいました。

一日ずっと和装でいた姉の股間は、ほどよく蒸れていました。そのなまなましい匂いが私にとっては極上品だったのです。少しも不潔だとは思いませんでした。

私の舌先が熟れた膣口に挿入されると、姉は大きな声で私の名前を何度も呼びながら、自ら腰をくねらせてきたのです。

舌先に、姉の蜜が溢れ出してくるのがわかりました。動かせば動かすほど、奥から潤《うる》んでくるのです。熱い、熱い蜜でした。

私は舌だけでなく、鼻や、顔面全体を使って姉の性器を責め立てました。

姉の喘ぎ声は、もう押し殺すようなものではありませんでした。体の内側で感じている快楽を全身から発散しているような、そんなうめき声になっていました。

「ああ、ああっ……!」

ひときわ大きな声を出して、姉の体がぴいんと真っ直ぐに伸びました。反り返った背中と腰が、小刻みに痙攣するのがわかりました。

そしてグッタリと、力なく畳の上に横たわり動かなくなったのです。

どうやら、舌責めだけで、絶頂に達してしまったようです。

(とうとう、俺が、姉ちゃんをイカせた……)

その事実を、私はしみじみと心で味わいました。

しかし、まだまだこれだけで満足はできません。満足するどころか私自身のチ○ポは、いつになったら姉の体を味わえるのだと、不満を訴えているのです。

実際、私のチ○ポはいつ以来だろうというほどに完全に勃起していました。

私は姉の股間から頭を離して、下半身にはいていたものをすべて脱ぎ捨てました。

亀頭が下着にこすれて、それだけでビクッと体が震えてしまいました。暴発寸前とはこういう状態をいうのでしょう。

反り返るように勃起したそれを見せつけるように、畳に伏せっている姉の前に私は立ちはだかりました。

「姉ちゃん……起きてくれよ」

私の声に姉は気だるそうに頭を起こし、私のチ○ポを力ない目で見ました。

「今度は、姉ちゃんの番だよ……俺を気持ちよくしてくれよ」

姉はしばらく動きませんでしたが、やがて観念したように私の股間へと体をにじり寄せてきました。そして自ら手を伸ばして、チ○ポをつかんだのです。

「熱い……」

うわ言のようにそう言うと、ゆっくりとしごき立ててきました。ほんの軽く握った手を上下されただけなのに、それだけで感じてしまいます。亀頭の先端から、すぐに透き通った汁が溢れてしまい、このまま発射してしまいそうになりました。

「うっ、ん……口だけ使って、気持ちよくしてよ……」

姉は私のお願いするとおりにしてくれました。仁王立ちになった私の前にひざまずくように膝立ちして、口を大きく開けて、私の亀頭に顔を近づけました。

咥える前の一瞬、少しためらうような様子を見せましたが、姉は目を閉じてチ○ポを唇で包み込みました。そしてグッ、グッと根元まで呑み込んだのです。

「お、おお、おおお……！」

私の口から、我しれず歓喜の声が洩れました。姉の舌が、洗ってもいないペニスにねっとりとまとわりついている。まさに「感動」の一言でした。

姉の口からヨダレがかき混ぜられるような、じゅるじゅるという卑猥な音が聞こえてきます。きっと姉も興奮して、ヨダレがいっぱい出ているのです。

うれしくてうれしくて、天にも昇る気持ちでした。

私は思わず、姉の頭を両手で押さえてしまいました。そして前後に、まるで姉の口とセックスするかのように腰を激しく動かしたのです。

「んっ、んっ、んっ……！」

姉の苦しそうな声を聞くと、いてもたってもいられません。姉を守ってあげたいのに、同時にどこまでも穢《けが》したいという、相反する強い欲望が私の中にありました。

姉の口の中がどんどん熱くなっていきます。ヌルヌルした粘膜と唾液の感触は、これまでに味わったことのない気持ちよさでした。

こんなに激しく、イラマチオというのでしょうか、こんな行為をしたことはなかったのです。

そのまま出てしまいそうでしたが、もう限界というタイミングで、私は姉の口からペニスを抜き取りました。

「ぐぶっ……！」

口を塞《ふさ》いでいたものを急に抜かれた姉が、苦しそうに咳《せ》き込みました。きっと呼吸ができていなかったのでしょう。

唇の端から、ドロドロとヨダレと先走り汁の混ざったものが垂れています。

まだ喪服を完全に脱いでもいないのに、そんな卑猥な状態になっていることが、ことさらに私の劣情をかき立てました。

「姉ちゃん……！」

私の心はもう、完全にケダモノになっていました。

姉の体を畳の上に組み敷いて、白いなまめかしい脚を大きく広げさせて、その間に自分の下半身を埋《うず》めました。

「うっ、あっ……！」

姉の声は、もうかすれています。私の生のペニスに貫かれた瞬間も、くぐもった声を小さくあげただけでした。

血の繋がった肉親の膣を、私は生まれて初めて味わいました。その感覚をどう表現すればよいのか……。とにかく、本来おさまるべき場所にペニスがようやくハマったというくらいに、相性のよさを感じたのです。

そうです、私のチ○ポはこうして姉の膣内を味わうためにこの世に生まれてきたのです。たいへんな回り道をしましたが、ようやくあるべき場所におさまったのです。

「姉ちゃん、姉ちゃん、姉ちゃん……」

私は何度もくり返しそう叫びながら腰を前後させました。ぐちゅっ、ぐちゅっといやらしい音が繋がった部分から聞こえてきます。姉の喘ぎ声も、私の腰の動きに合わせてどんどん間隔が短くなっていきます。これまでに感じたことのない気持ちよさでした。まちがいなく人生最高のセックスでした。

私は姉の大きなお尻を抱きかかえて腰の位置を半回転させて、後ろから犯すような姿勢になりました。姉は犬のように腕を畳の上に突いて、顔は仏壇の旦那の遺影のほうを真っすぐ向いています。

「あ、ああ……あなた……」

姉がかすかにそう叫ぶ声が聞こえました。私は構わず腰を振り、姉の白いお尻の肉をなで回し、ぴしゃり、ぴしゃりと平手打ちもしました。

「う……イクぞ……姉ちゃん……」

あと少しで中に出してしまうところでした。絶頂の一瞬先に抜いたペニスから大量に溢れ出した精液が、姉の体にまとわりついた黒い喪服にぶちまけられました。

「あ、ああ……！」

姉の体がべったりと畳の上に突っ伏しました。さっき絶頂に達したのに、またイッてしまったようです。旦那の葬儀が終わった夜に、弟に二度もイカされたのです。

私の心の中は、これまで味わったことのない充実感で満ちていました。

もう離すつもりはありません。一生、姉は私のものです。

未亡人の美伯母に秘めた好意を告白
その艶やかな唇を強引に奪うと……

桑畑健吾　会社員　五十七歳

私の体験談をぜひとも聞いていただくて、ペンをとりました。

もう、三十年以上昔の話になります。当時の私は大学進学のために上京し、母方の姉にあたる美沙恵《みさえ》さんの自宅の敷地内にあるアパートに住んでいました。

伯母は旦那さんを十年前に亡くし、そのときの保険金でアパートを建て、一人娘の孝美《たかみ》ちゃんと暮らしていました。

女二人だけの生活なので、心細い気持ちがあったのかもしれません。

私をとてもかわいがってくれ、よく総菜を持ってきてくれたり、食事をご馳走してくれたり、孝美ちゃんと三人で旅行や映画を観にいったりと、いい関係を築けていたのではないかと思います。

美沙恵さんの年齢は、当時五十代半ばだったでしょうか。ふっくらしていて、外見だけなら四十代に見えるかわいいタイプの女性でした。

同じ姉妹で、どうしてこうも違うのか。ほんとうに血が繋がっているのかと思ったほどです。

社会人になってから二年が経《た》ち、貯金ができたところでマンションに引っ越そうかと考えていた矢先のことです。

その日も食事に誘われて母屋《おもや》に行くと、孝美ちゃんは友人と旅行中とのことで、美沙恵さんと二人きりになりました。

夏の暑い盛りで、白いワンピースがとてもよく似合い、襟元からのぞく生白い肌につい見とれてしまったことを覚えています。

引っ越しの件を伝えると、「さびしくなるわね」とつぶやき、私たちはお酒を飲みながら、これまでの思い出を語り合いました。

最初はしんみりしていたのですが、酔いが回ってくると、頬をピンクに染める美沙恵さんに女を意識してしまい、半ば冗談のつもりで「好きだ」と告白してしまったんです。

「やだわ……からかってるの？」

「ホントだよ！　なんで再婚しないのかなって、いつも思ってたんだから。男の人が、放っておかないでしょ？」

「ふふっ、ありがと。でも、結婚は一度きりでいいわ。孝美もいるし……健《けん》ちゃんだって、いてくれたから」

「伯母さん」

涙ぐむ彼女を見ていたら、胸が締めつけられ、ほとばしる気持ちを抑えられなくなりました。そしてあろうことか、美沙恵さんの肩に手を添え、唇に軽いキスをしてしまったんです。

やってしまった。そのときは後悔に襲われ、ひどく怒られるだろうなと覚悟しました。ところが彼女は一瞬ぽかんとしたあと、恥ずかしげに目を伏せ、その仕草がまたもや男心をくすぐったんです。

「ねっ。からかってなんか、いないでしょ？」

「いけない子ね。お母さんにバレたら、たいへんなことよ」

再びキスをしようと身を寄せると、今度ははっきり拒否されました。

「だめよ。これ以上は」

「どうして？」

「どうしてって、あたりまえじゃないの。あなたと私は、伯母と甥。血の繋がった間柄なんだから」

「だって……伯母さんがかわいいから、いけないんだよ」

「健ちゃん、いったいどうしちゃったの？　こんなおばさん相手に。若い女の子がたくさんいるでしょ？」

私は十代のころから年上好みで、とくに二十代に入ってからは熟女に魅力を感じるようになっていました。

学生時代は同年代の女性と交際したこともありますが、言葉がきつくてわがままだし、どの子とも半年も経たずに別れていたんです。

包みこんでくれそうな優しさという点で、美沙恵さんはまさに理想の女性でした。

「さ、もう帰りなさい」

おいたをした子どもをたしなめるように言われたのですが、火のついた気持ちを抑えられず、私は執拗《しつよう》に食い下がりました。

いまにして思えば、完全な駄々っ子と同じで、わがまま以外の何ものでもありません。でも、あのときの私に引き下がるという選択肢はありませんでした。

このチャンスを逃したら二度目はない、という思いだけが頭の中を支配していたんです。

「じゃ、もう一度、キスだけ」

「だめだったら」

「お願い！　それで、納得するから」

懸命に拝み倒すと、美沙恵さんは困惑した顔で小さな溜め息をつきました。

「もう……ホントに一度きりよ」

「ありがと！」

こうした包容力が、年上女性の魅力なんだと再認識し、私は上体を屈めて唇を近づけました。

おそらく彼女は一度目と同じく、ソフトなキスを想像していたのだと思います。

喜び勇んで唇を重ね合わせた次の瞬間、私は彼女の肩を抱き寄せ、艶《つや》やかな唇を目いっぱいむさぼりました。

「んっ、んんっ？」

美沙恵さんが目を見開いたところで、今度は胸のふくらみに手のひらを這わせ、ゆったりもみしだいたんです。

彼女は口を閉じて拒否の姿勢を貫きましたが、やがて苦しくなったのか、熱い吐息が口の中に吹きこまれ、私はここぞとばかりに舌を侵入させました。

ふくよかな身がこわばり、首筋からぬっくりした体臭が放たれると、甘ずっぱい匂いに頭の中がしびれ、ペニスがハーフパンツの中でムクムク大きくなりました。

彼女も発汗しているのか、体温がみるみる上昇し、体が火を吹くように熱くなったんです。

「んっ、ふぅ」

舌で口の中を隅々まで舐め回し、唾液をジュッジュッとすすり上げました。

最初は乳房を這う私の手を振り払おうとしていたのですが、すっかり脱力し、いつの間にか目も閉じられていました。

舌先を重ね、チロチロと這わせて様子をうかがうも、拒否することはなく、やがて彼女のほうから舌を絡ませてきたんです。

あのときの喜びは、言葉ではとても言い表せません。

「んっ、ふはぁ」

鼻から抜ける甘ったるい吐息が耳に届くと、ペニスがパンツの中で痛みを覚えるほど突っ張りました。

乳房の感触は想像以上に柔らかく、指を押し返す弾力感に満ち溢れていました。

頂上のとがりをつつくと、またもや甘い吐息をこぼし、獣じみた性感がのっぴきならぬ状況に追いつめられました。

もはやキスだけでは満足できず、最後の一線を越えなければ収まらないところまで来ていたんです。

はたして、伯母は甥っ子のよこしまな欲望を受け入れてくれるのか。

その思いが何度も頭をかすめ、伯母にもっと大きな快楽を与えなければという使命感に衝《つ》き動かされました。

下腹部に手を伸ばすと、彼女は胸を押し返そうとし、当然のごとく拒絶の姿勢を見せました。

ここで怯《ひる》んでなるものかと、舌を猛烈な勢いで吸い、指先を無理やりワンピースのすその下にもぐりこませたんです。

「……んっ！」

むちむちの太ももの感触は、いまでもはっきり覚えています。

ぴったり閉じられた両足の間に手を差し入れ、熱気がこもるゾーンを突き進むと、指先が女の中心部をとらえました。

驚いたことに、ショーツは湿っているというよりグショグショに濡れていたんです。

伯母もキスをしながら昂奮していたのですから、脳みそが爆発するかのような衝撃とともに体の中から性の悦びが込み上げました。

肉の突起を探り当て、しゃにむにこね回すと、舌が引っこ抜かれるのではないかと思うほど強く吸われました。

「ん、むむっ」

愛液の量はショーツを通して指先に絡むほど凄まじく、鼻からこぼれる喘ぎ声もいつしか切迫したものに変わっていました。

「んっ、ふっ、んぅ」

指の動きを速めたとたん、股間の逸物に稲妻のような快感が走り抜けました。

なんと、美沙恵さんがパンツのふくらみを握りこんできたんです。

「む、むう」

柔らかい指がペニスに沿って這い回り、睾丸の中の精液が暴れまくりました。

油断をすれば放出へのスイッチが入ってしまいそうな快感に自制心を働かせ、負けじと腕を振りたくりました。

さらにはショーツのすそから指を差しこみ、愛液でぬめり返った肉の襞《ひだ》を無茶苦茶にこね回してやったんです。

「んっ、んっ、んはぁあ」

長いキスが途切れ、美沙恵さんは大きくのけぞり、腰をビクビクとひくつかせました。顔はすでに首筋まで真っ赤、ひたいは大粒の汗で濡れ光っていました。

「はあはあ」

私は美沙恵さんを畳に寝かせると、ワンピースのすそをたくし上げ、ピンクベージュのショーツを引きおろしていったんです。

むちむちの太もも、黒艶《くろつや》を放つ陰毛、くっきりしたY字のラインの悩ましさは、いまだに忘れません。あともうひとまくりで花園を覗けるとなった瞬間、細い腕がスッと伸び、女とは思えない力で手首を押さえこまれました。

美沙恵さんはすぐさま身を起こし、女豹のような身のこなしでおおい被さってきたんです。

不意を突かれた私はあおむけに倒れ、彼女はハーフパンツの腰紐をほどくや、上目づかいに睨《にら》みつけてささやきました。

「悪い子ね。たっぷりお仕置きしてあげないと」

「お、伯母さん」

「火をつけたあなたが、いけないんだからね」

そのときの美沙恵さんの顔はやけに色っぽく、まるで別人のように見えました。

「あ、ああっ」

パンツをトランクスごと引きおろされ、勃起したペニスがブルンと飛び出すと、ふっくらした指が根元に巻きつき、青筋がドクンと脈打ちました。

「お、ふっ」

彼女は勃起に鼻を寄せ、匂いをクンクンと嗅ぎまくり、さも愛しげに口元の両端にこすりつけたんです。

「あ、は、恥ずかしい」

「私だって恥ずかしかったんだから、少しぐらい我慢しなさい……あぁ、この匂い。なつかしいわ」

指先で根元をギュッと引き絞られ、ペニスがパンパンに膨れ上がりました。

亀頭はスモモのように赤黒く染まり、カリ首は横に張り出し、静脈が破裂寸前まで膨張しました。

男の分身をギンギンにさせてから艶々の唇を這わせてきたのですから、私はあまりの昂奮に胸が張り裂けそうでした。

美沙恵さんは舌で亀頭を舐め回したあと、先端をかっぽり咥えこみ、大口を開けてペニスを呑みこんでいったんです。

すかさず顔が上下に打ち振られ、ずちゅっ、ずちゅちゅちゅうと、卑猥な音が高らかに鳴り響きました。

ペニスを薄皮状態にしてから吸引してくるのですから、気持ちいいのなんの。あんな激しいフェラチオは初めての体験で、さすがは熟女、元人妻としか思えませんでした。

「あ、あ、おぉっ」

自分から誘いをかけておきながら、私は身を硬直させ、濃厚なフェラチオを固唾を呑んで見つめました。

大量の唾液が溢れ、ペニスが妖しく照り輝くと、性感がみるみる上昇し、腰が小刻みに震えました。

めくれ上がった唇、ペコンとすぼめた頬、悩ましく伸びた鼻の下。顔がS字に振られ、スクリュー状の刺激を吹きこまれると、私は昂奮に次ぐ昂奮から絶息寸前の呼吸を繰り返しました。

未熟な自分ではとても太刀打ちできそうになく、腰の奥がジンジンと疼きはじめ、情けなくも、私のほうが我慢の限界を迎えてしまったんです。

「あ、あ、も、もうイキそう」

「……まだだめよ」

美沙恵さんはペニスを口から抜き取り、軽くたしなめてから立ち上がりました。そしてワンピースの下に手を入れ、ショーツをスルスルとおろしはじめたんです。

「いい、これ一回だけだからね」

「う、うん」

彼女は私の太ももの上を跨《また》いできたのですが、すそが肝心な箇所を隠しており、欲求不満ばかりが募《つの》りました。

「お、伯母さん」

「ん?」

「見たいよ」

「……え?」

「あそこも、おっぱいも見せてよ。俺のだって、さんざん見たんだから」

美沙恵さんは目元を赤らめたあと、再び立ち上がり、照明の紐を引っぱりました。そして後ろを振り返り、背中のファスナーをおろしてワンピースを足元に落としたんです。

常夜灯のオレンジの光に照らされた彼女がエロスの女神に見え、私はブラジャーがはずされる光景を惚《ほう》けた表情で眺めていました。

ぶるんと弾け出たヒップはハート形で迫力満点、やや弛《ゆる》んだウエストが妙になまなましいんです。

美沙恵さんが振り向くと、今度は豊かな乳房が目に飛び込み、たぷたぷと揺れる様子に生唾を飲みこみました。

彼女は口元に軽いキスをくれたあと、ペニスをシュッシュッとしごきたて、再び腰を跨《また》いできたところで、私は乳房に両手を伸ばしました。

「う、ふぅん」

「ああ、おっきい」

さほどの力を込めなくても、柔らかい乳丘は楕円に形を変えて手のひらからはみ出し、私はピンとしこり勃《た》った乳首にしゃぶりつきました。

必死の形相で舐め転がしている間、美沙恵さんは両手でペニスをもてあそび、あっという間に我慢の限界を迎えてしまったんです。

私は乳房から口を離し、か細い声で懇願しました。

「おマ〇コも見せて」

膝立ちの熟女にしがみつき、畳に座らせてから両足を左右に広げていきました。

「あ、あ」

「……恥ずかしいわ」

「だめだよ、足閉じちゃ。もっと、よく見せて」

美沙恵さんは後ろ手をつき、私は四つん這いの体勢になってあそこにらんらんとした視線を送りました。

こんもりした恥丘は中心部がぱっくり開き、割れ目からとろみの強い愛液が滾々《こんこん》と溢れていました。

クリトリスはすでに包皮を押し上げ、ボリューム感いっぱいの剝き身を露《あらわ》にさせ、甘ずっぱくていやらしい匂いがぷんぷん匂っていたんです。

私は息せき切ってかぶりつき、舌をくねらせてヴァギナを舐め回しました。

「ん、ふぅ」

内腿の柔肉がピクピクとひくつき、頭上からやけに色っぽい声が響きました。

クリトリスをしゃぶり、はたまた吸いながら指を膣の中に入れると、肉づきのいい足がガクガクと震えだし、今度は切羽つまった吐息が聞こえてきたんです。

口の周りは瞬時にして愛液塗《まみ》れになり、ヴァギナと唇の間で透明な糸が幾筋も引かれました。

「はっ、やっ、んっ」

「す、すごいや。クリちゃんが、こんなに大きくなって」

「健ちゃん、気持ちいいわ。もっと吸って」

言われるがまま唇をすぼめて吸いつくと、甲高い声が室内に反響し、ペニスが限界まで張りつめました。

インターバルを置いたことで射精願望はいくらか収まったものの、一刻も早く入れたくてたまらなくなってしまったんです。

美沙恵さんも同じ気持ちだったのか、身を起こしざま抱きついてきて、またもやペニスをしごきました。

「あ、おおっ……そんなに激しくしたらイッちゃうよ」

「だめよ、こんなんでイッちゃ」

熟女は鼻にかかった声でたしなめ、私をあおむけに寝かせました。そして腰を跨ぎ、ペニスを垂直に起こしてからヒップを沈めてきたんです。

待ちに待った瞬間に、心臓が最高潮にドキドキしました。

肉厚の陰唇がめくれ上がり、亀頭の先端を咥えこむと、ヌルリとした感触にうめき声が洩れました。

「む、むうっ」

「あ、あ、あ……」

ペニスの先端がぬっくりした感覚に包まれたとたん、カリ首は膣口をくぐり抜け、勢い余ってズブズブと埋めこまれていったんです。

「はあっ」

「ぐ、くぅ」

熟女の膣の中はとろとろで、キツくも緩くもなくほどよく締めつけてきて、予想を遥かに超える一体感に恍惚《こうこつ》としました。

「健ちゃんの……硬くて大きいわ」

「伯母さんの中もあったかくて、すごく気持ちいいよ」

「すぐにイッたら、だめよ」

媚《こび》を含んだ声で念を押されたあと、美沙恵さんは豊満なヒップを揺すりはじめ、うねりくねる膣肉がペニスの先端から根元をまんべんなくもみしごきました。

それまで三人の女性とセックスの経験があったのですが、みんな若い女性ばかりだったので、骨までとろけそうな感覚を味わったのは初めてのことでした。

美沙恵さんは恥骨を前後に振り、ときおりグラインドさせ、やがて上下のピストンをしながら巧みに腰をくねらせてきました。

「む、おおおっ」

「はあ、いいっ、いいっ」

バチンバチーンと、ヒップが太ももを打ちつける音が絶え間なく響き、同時に結合部から卑猥な水音が洩れ聞こえました。

肉厚の腰が軟体動物のようにくねり、ペニスをもみくちゃにするのだから耐えられるはずもありません。射精をこらえることにせいいっぱいで、腰を使うことがまったくできませんでした。

「ぐっ、ぐっ」

本格的なピストンが始まり、私は下腹部を襲う強烈な圧迫感に目を剝きました。

腰骨が折れるのではないかと思うほどのピストンに息が詰まり、睾丸の中の精液が煮え滾《たぎ》りました。

事後に聞いた話によると、セックスをするのは十年ぶりのことだったようです。

美沙恵さんもよほど気持ちよかったのか、愛液が無尽蔵に滴《したた》り落ち、陰嚢から肛門まで濡らすほどでした。

「んっ、んっ、んっ、ん、はぁあっ」

髪を振り乱し、豊満な肉体をバウンドさせる姿がやたらエロチックで、いままでの彼女とは別人のような変貌ぶりでした。

「いいっ、私のほうがすぐにイッちゃいそう」

ヒップの動きがより派手になり、乳房がワンテンポ遅れて上下しました。

しっぽりした膣肉にペニスをこれでもかとかき回され、風船のようにふくらんだ性感は破裂寸前まで追いつめられたんです。

「お、伯母さん……ホントに……我慢できないよ」

「いいわ、そのまま中に出して！」

射精の許可を受けた直後、ヒップがグリングリンと回転し、ペニスがこなれた膣肉に引き転がされました。

「ぐうっ」

どうせ射精するならと、私は力を振り絞り、下から機関銃のようなピストンを繰り出したんです。

「い、ひぃぃっ」

美沙恵さんは奇妙な悲鳴を洩らしたあと、あごを突き上げました。

下腹部からはぐっちゅ、ぐっちゅと、けたたましい音が鳴り響き、あたり一面にムンムンとした熱気が漂いました。

「あ、あたしもイッちゃう！　イクっ、イックぅっ！」

「あ、イクっ、イクっ」

こうして私は、全身汗塗れの状態から膣の中に大量の精液を放ったんです。

美沙恵さんのヒップがひきつるたびに膣肉がペニスを引き絞り、まさに一滴残らず搾り取られるという感じでした。

しばしの満喫感にひたるなか、熟女は膣からペニスをゆっくり引き抜き、今度はていねいなお掃除フェラで精液を舐め取ってくれました。

口の中でくちゅくちゅともみこまれると、収まりかけていた性欲が回復の兆しを見せ、ムクムクと体積を増していきました。

「やっぱり若いのね……すごいわ」

インターバルを置かずの二回戦は初めてのことで、今度は私が上になり、正常位の体勢から二度目の結合を交わしました。

睾丸の精液が空っぽになるまで放出し、満足感いっぱいの顔つきで自室に戻ったのですが、冷静になると、たいへんなことをしてしまったとちょっぴり後悔しました。

おそらく、美沙恵さんも同じ気持ちだったのだと思います。

その日から気まずい雰囲気になってしまい、恥ずかしくて目を合わせられない状況が続いたことから、私は予定を早めて引っ越し先を探したんです。

アパートを離れる際、「いつでも遊びにいらっしゃい」とは言ってくれたのですが、忙しさを理由に訪ねることもなく、すっかり疎遠になってしまいました。

冠婚葬祭で何度か顔を合わせたものの、落ち着いて話をする機会もなく、去年、彼女は亡くなってしまいました。

弔問に訪れたとき、遺影の優しい笑顔を見ていたら、涙が止まらなくなって……。

もっと顔を合わせておけばよかったと、いまだに悔やんでいるんです。

独り身になり落ち込む義兄を誘惑　積年の想いを叶え身悶える不貞妻

白石厚子　主婦　五十四歳

半年ほど前に、姪っ子の結婚式に出席してきました。その子は夫の兄の子どもです。結婚式の招待状が届いたときから、私はずっと胸がドキドキしていました。お義兄《にい》さんに会える。そう思うと、もう結婚式が待ち遠しくてたまらなかったんです。お義兄さんは高校を出てすぐに実家の農業を継ぎ、夫はその稼ぎで私立大学に進学させてもらって好き勝手に生きてきたんです。

その後も、すでに亡くなった両親の介護なども全部お義兄さんに任せっきりだったことが後ろめたいのか、夫はもうほとんど実家に帰ることはありません。嫁である私が一人で実家に行くのも変なので、お義兄さんと会うのもかなり久しぶりでした。

「このたびはおめでとうございます」

結婚式場で顔を合わせた私は、お義兄さんに挨拶をしました。

「やあ、厚子《あつこ》さん、来てくれたんだね。うれしいよ。でも、娘が嫁《とつ》いでしまったら、ぼくは一人ぼっちだ。ちょっとさびしくてね」

そう言ってお義兄さんは目を伏せるのでした。

お義兄さんは、奥さんとは数年前に死別していました。それ以降は父一人子一人で暮らしてきていたので、姪っ子が出ていくと大きな家に一人になってしまいます。

以前は二世帯五人で暮らしていたこともあるので、さびしさもかなりのものだと思います。

「それなら、これからは頻繁に遊びに伺いますよ」

私はお義兄さんの手を握りながら言いました。

「おお、そうか、うれしいね。今夜はうちに泊まっていくんだろ？　積もる話もしようじゃないか」

お義兄さんは笑みを浮かべ、私の腕をポンポンと叩いてくれました。

「はい。今夜、楽しみにしておきますね」

そんな会話をしてから結婚式に出席し、前に会ったときはまだ小学生だった姪っ子の花嫁姿を見て感動の涙を流してしまいました。

二次会は若い人たちだけで楽しむということでしたので、私と夫は実家に向かいました。そして、三人でお酒を飲みながら思い出話に花を咲かせました。

だけど夫はお酒が弱いんです。すぐに眠そうにまぶたが閉じてきました。

「あなた、酔いが回ってしまったんだったら、先に寝ちゃって大丈夫よ」

「いや。酒はまだまだ飲めるんだけどな。ただ車の運転で疲れたんだ。明日もまた運転しなきゃいけないから先に休ませてもらうよ」

お義兄さんに対する対抗心を隠すことなくそう言うと、夫は高校生のころまで使っていた二階の部屋へ行ってしまいました。あとはお義兄さんとサシ飲みです。

私は気になっていたことを、思いきってお義兄さんに聞きました。

「ねえ、お義兄さん、お見合いの話、本当ですか？」

「見合いの話？」

「ええ。本当はあの人じゃなく、お義兄さんが私の見合い相手になるはずだったって話です」

私がそう言うと、お義兄さんは少し驚いた様子で答えました。

「誰に聞いたの？」

「幸枝《ゆきえ》伯母さんです」

「あの人はおしゃべりだなあ」

実は私と夫はお見合い結婚なのですが、若い男女を結婚させるのが趣味だった幸枝伯母さんは、もともとはお義兄さんと私を結婚させようとしていたらしいんです。だけど私のお見合い写真を夫がたまたま見て気に入り、「頼む、兄貴。この見合い話は俺に譲ってくれ」と無理やり奪い取ったそうなんです。

そのことを知らないまま私は夫とお見合いし、結婚しました。幸枝伯母さんから聞かされてその事実を知ったのは、つい数年前のことです。

夫は神経質で体力もなく、あっちのほうも弱いんです。子どもに恵まれなかったのもそのせいだと私は思っています。最近は家に二人でいても、ほとんど会話はありません。幸せを実感することも皆無なんです。

お見合いの件を知って以降は、もしもお義兄さんと結婚していたら私の人生はどうなっていただろうかと夢想することも多くなっていました。

そんなときにこうして再会し、私は気持ちが一気に盛り上がってしまったんです。

私は胸に秘めていた思いをお義兄さんにぶつけました。

「どうしてお見合いの話をあの人に譲っちゃったんですか？ 私はお義兄さんとお見合いしたかったわ。そしたら私がお義兄さんを絶対に幸せにしてあげたのに。それに、私だって幸せになれたに違いないわ」

私はお義兄さんの太ももに手を置きました。現在は独身であるお義兄さんは、私にさわられてかなり興奮しているようでした。鼻息が荒くなっているんです。

「厚子さんはいま、幸せじゃないのか？」

「ええ。幸せじゃないわ。だって、あの人、若いころから精力がぜんぜんないんですもの。歳を取ったいまなんか、もっとです。だからもう何年も……」

「そうか……それは申し訳ないことをしたね。それなら俺が厚子さんを満足させてあげたほうがいいよね？」

お義兄さんはじっと私の目を見つめました。

「ああん、うれしいわ。満足させてください。あの人はお酒を飲んで寝たら、朝まで絶対に起きないから。さあ、お義兄さん」

私はお義兄さんの胸に飛び込みました。するとお義兄さんは私をきつく抱きしめて唇を重ねてきました。最初は軽く唇が触れ合う程度だったのが、徐々に熱烈になり、ついにはいやらしく舌をねじ込んできました。

「はあ、ぐぐぐっ……」

お義兄さんの勢いに圧倒されながらも、私も舌を絡め返しました。二枚の舌が絡み合ってピチャピチャと音が鳴り、唾液が二人の口の中を行ったり来たりするんです。

「うう……厚子さん……」

お義兄さんはキスをしながら、私の胸をもみはじめました。

「はあぁぁん……お義兄さん……」

服の上からもまれるだけでは物足りません。私は自らボタンをはずしてブラウスを脱ぎ捨てました。

ブラジャーに詰め込まれたEカップのオッパイを見て、お義兄さんは溜め息をつきました。

「ああ……すごい……でも、これも邪魔だね」

「ええ。ブラはお義兄さんが脱がしてください」

「いいよ。こういうのも久しぶりだから興奮するよ」

お義兄さんは抱きしめるようにして腕を私の背中に回し、ブラジャーのホックをはずしました。カップを勢いよく跳ね飛ばして、オッパイがプルプルと揺れました。

「おおっ……すごい……前から厚子さんの巨乳ぶりが気になってたんだけど、想像以上の大きさだ。それに、形もすごくきれいだよ」

両腕からブラジャーを引き抜くと、お義兄さんは両手で私のオッパイをもみしだききました。

「うう……すごくやわらかい……ああ、たまらないよ……」

お義兄さんは手でもむだけでは飽き足らなくなったのか、オッパイに食らいついてきました。

「あぁぁ……お義兄さん……気持ちいい……はあぁぁ……」

私はカーペットの上にあおむけに倒れました。その上におおい被さるようにしてお義兄さんは左右のオッパイを舐め回し、乳首を吸ったり軽く嚙んだりするんです。

「あぁぁぁん……」

「あぁぁん……お義兄さん……あぁん……気持ちいい……もっと、もっとぉ……」

そうやってオッパイを愛撫されていると、下腹部がムズムズしてきました。だけどお義兄さんはオッパイが好きなのか、いつまでもオッパイばかり責めてくるんです。

焦れったくなった私は、自分からお義兄さんの手をつかみ、それを自分の下腹部へと導きました。

ようやく私の気持ちに気づいたお義兄さんは、パンティの中に手を入れてきてくれました。そして、「えっ」と驚きの声を発して、私の顔をのぞき込むんです。

「もう、すごいことになってるじゃないか」

そう言ってお義兄さんが指を小刻みに動かすと、私のあそこがクチュクチュと鳴ってしまうのでした。

「いやっ、恥ずかしいわ」

私は顔をそむけましたが、お義兄さんの指愛撫を邪魔しようとは思いません。それどころか、お義兄さんがさわりやすいようにと股を開いていきました。

「もうヌルヌルだ。どうなってるのか見せてくれ」

そう言うとお義兄さんは、私のスカートとパンティを脱がし、両膝の裏に手を添えてグイッと押しつけてきました。

私はオムツを替えてもらう赤ん坊のようなポーズを取らされました。しかも、濡れぬれの陰部のすぐ近くにお義兄さんの顔があるんです。

「ああぁぁん……恥ずかしいぃ……」

「いいじゃないか。じっくり見せてくれよ。ほら、自分で両脚を持って」

「こうですか？　はぁぁ……」

恥ずかしさを我慢しながら私は両脚を抱えました。

両手が自由になると、お義兄さんはそれを私の陰部に添えて指先に力を込めました。

するとピチュッと音が鳴って小陰唇が剝かれるのがわかりました。

「おお……すごくきれいだ。奥までピンク色だ。それに、なんだかすごくエッチな匂いがするよ」

「いやです。匂いはやめて」

私はとっさにお義兄さんをはね除けようとしましたが、その瞬間、温かいものが割れ目の間をヌルンとすべり抜けたんです。

「あっ、はあああんっ……」

ビクンと体が震え、力が入らなくなりました。

「どうだい？　気持ちいいかい？」

お義兄さんはペロペロと割れ目を舐めつづけるんです。そのたびに私の体はビクンビクンと反応してしまうのでした。

「すごいね、厚子さん。オマ○コからどんどんエッチなお汁がわき出てくるよ」

そんな卑猥な言葉をかけられると、ますます私は興奮してしまいます。

「あああん、気持ちいいです。もっと、もっと舐めてください……あああん……」

「よし。これでどうだい？」

そう言ったと思うと、お義兄さんは私のクリトリスに食らいついてきました。そして、さっき乳首にしたのと同じようにチューチュー吸いはじめたんです。

乳首も敏感でしたが、クリトリスはもっと敏感です。

「あはんっ……だ、ダメです。そ……それ、気持ちよすぎます。はああんっ……」

私はもう両脚を抱えつづけることもできずに、体をのたうたせました。

それでもお義兄さんは私の太ももに腕を回して抱きかかえるようにしてクリトリスを吸いつづけるんです。

「はあああっ……ダメ、ダメ、ダメ……あああんっ……もう限界です。はあああっ……お願い、やめてぇ……あああんっ……」

私は必死に懇願しましたが、お義兄さんはやめるどころかクリトリスを吸いながら、オマ○コの中に指をねじ込んできて入り口付近のザラザラしたところを激しくこすりはじめました。

その二点責めに、私の性感はあっさりと限界を超えてしまいました。

「ああっ……も、もうイクぅ……はあああっ……い、イク〜！」

下腹部から全身に衝撃が走り、私はいきなり頭の中が真っ白になりました。ほんの短い間ですが、失神していたようです。

そんな私の耳にお義兄さんの声が流れ込んできました。

「厚子さん、イッたんだね？　気持ちよかったかい？　じゃあ、今度は俺を気持ちよくしてくれないか？」

私は静かに目を開けて、声がしたほうに顔を向けました。するとそこには、お義兄さんが全裸で仁王立ちしていました。そして、その股間には勃起したペニスが隆々とそそり立っているんです。

「あぁぁん……すごい……」

ずっと思いつづけていたお義兄さんのペニスです。しかも、それは私のことを思いながら力をみなぎらせてくれているんです。愛おしくて愛おしくてたまりません。

私は重い体を起こして膝立ちになると、お義兄さんの太ももに手を添えてペニスに顔を近づけました。ペニスは真っ赤に充血していて、体温が空気を伝わってくるぐらい熱くなっているんです。そして、いやらしい男の匂いがしました。

その匂いを嗅いだとたん、私の口の中には大量に唾液がわき出てきました。ゴクンとのどを鳴らして唾液を飲み込み、私はペニスに手を伸ばしました。

指先が触れると、たったそれだけの刺激でペニスがビクンと激しく反応しました。

「お、お義兄さん……はぁぁ……ぞくぞくしちゃうわ」

「こんなになるなんて、自分でもびっくりだよ。さあ、厚子さん、いっぱいしゃぶってくれ」

言われるまでもありません。私は太ももに手を添えたままペニスに顔を近づけ、根元から先端に舌先をすべらせました。そして、カリクビのあたりをチロチロとくすぐるように舐めてあげたんです。

「おおっ……そ……それ、気持ちいいよ」

うれしそうに言うお義兄さんの顔を見上げながらそうやってカリクビをしばらく舐め回してから、私はペニスをつかんで先端を自分のほうに引き倒し、パンパンにふくらんだ亀頭を口に含みました。

そして口の中の粘膜で締めつけるようにしながら、首を前後に動かしはじめます。

「ううっ……厚子さん、そ、それ……すごく気持ちいいよ。あああ……」

ピクンピクンと痙攣を繰り返すのを口の中で感じながら、私は熱烈にペニスをしゃぶりつづけました。

「ああ、すごい……すごいよ、厚子さん……ああ、気持ちいい……」

お義兄さんは私がしゃぶりやすいように、両手を体の後ろに回して股間を突き出してくれているんです。そんなお義兄さんをもっと気持ちよくしてあげたい思いから、私はペニスをしゃぶりながら睾丸を指で優しく転がすように愛撫しました。

「えっ……？　ううう……そ、それ……変な感じだよ」

お義兄さんは体をくねらせながら苦しそうな声で言いました。同時にペニスがぶわっと膨張したように感じました。

「あぁっ……だ、ダメだよ、厚子さん……ううう、そんなにしたら……ああ!」

お義兄さんは飛びのくようにして私から体を離しました。その拍子にペニスが口から抜け出て、唾液をまき散らしながら勢いよく頭を跳ね上げました。

「どうして? もっと気持ちよくしてあげようと思ってたのに……」

ピクピクと細かく痙攣しているペニスは、私の唾液に濡れてヌラヌラ光り、すっごく卑猥なんです。

「いや……ありがとう。うれしいけど、さすがにこの歳になると二回も射精できるかどうか不安だからね。イクのは口じゃなく、厚子さんのオマ○コにしたいんだ」

その言葉を聞いた瞬間、子宮がキュンと疼きました。

「あぁぁぁん、私の子宮もお義兄さんの熱い精液を欲しがってるみたいです。さあ、お義兄さん、来てぇ……」

私はその場にあおむけになり、お義兄さんに向かって大きく股を開きました。

「あぁぁ……厚子さんのオマ○コがヒクヒクしながら誘ってるよ。ううう……なんていやらしいんだろう。いま、こいつをぶち込んであげるからね」

お義兄さんは反り返るペニスを右手でつかみ、私の股の間に体をねじ込んできました。そして、先端をとろけきったオマ○コに添えると、そのまま腰を押しつけてきました。

クプッと音が鳴り、亀頭が埋まりました。もうお義兄さんが手を離しても、亀頭が跳ね上がることもありません。

「さあ、入れるよ」

「奥まで……奥まで入れてください。はぁ……」

お義兄さんは私の顔の横に両手をつき、じっと見おろしながら腰を押しつけてきました。

「あぁぁあん……入ってくるぅ……はあああん……」

大きくて硬いものが、私の膣壁を押し広げながらゆっくりとすべり込んできました。そしてお義兄さんの体と私の体がピタリと重なり合うと、今度は逆にゆっくりと引き抜かれていくんです。

それは入ってくるとき以上の快感です。そして完全に抜けきる手前でいったん止まり、また奥まですべり込んできて、また引き抜かれていき……。

「ううう……厚子さんのオマ○コ、最高に気持ちいいよ。ううう……」

「あぁぁん……お義兄さん……私も、私も気持ちいいです……」

お義兄さんの腰の動きは徐々に激しくなっていき、二人の体がぶつかり合ってパンパン……と拍手のような音が部屋の中に鳴り響きました。

「あああんっ……いい……気持ちいい……ああん、イク……はあああん！」

さっきクンニでイッたばかりの女体に、そのピストン運動は強烈すぎる快感です。私はまたすぐにイッてしまいました。だけどお義兄さんは腰の動きを弱めようとはしません。さらに激しく突き上げてくるんです。

「ダメです、ダメです……もう、もうダメですぅ……」

カーペットの上をずり上がっていく私の体をしっかりと抱きしめてズンズンと突き上げ、お義兄さんは苦しげに言いました。

「俺も……俺も、もうイキそうだ。いいかい？　もうイッてもいいかい？」

「いいです。はあああん……もういっぱい気持ちよくしてもらったもの。お義兄さんの精液をいっぱいいください。はあああん……」

「おおおおっ……で、出るよ。ああああううう！」

お義兄さんはズンと力いっぱいペニスを突き刺すと、そのまま腰の動きを止めました。と同時に私の中でペニスがビクンビクンと暴れ回り、精液が勢いよく噴き出すのがわかりました。

その熱い衝撃を子宮に感じながら、私はまた絶頂に昇りつめました。

「あああん、またイッちゃう〜！」

と同時に膣壁できつく締めつけて、お義兄さんのオチ○チンの管の中に残ったぶんまで精液を全部搾り摂りました。

「あぁ、厚子さん……最高のセックスだったよ。よかったら、これからはときどき会いにきてくれよ」

お義兄さんはまだつながり合ったままの状態で、顔を近づけて私の目を見つめながら言いました。

「はい。そのときはまた、いまみたいにすごいセックスをしてくださいね」

「いや。もっとすごいセックスをしてあげるよ」

その約束どおり、私は月に二、三回はお義兄さんのもとを訪ねて、毎回激しいセックスをしてもらっているんです。

◉読者投稿手記募集中！

素人投稿編集部では、読者の皆様、特に女性の方々からの手記を常時募集しております。真実の体験に基づいたものであれば長短は問いませんが、最近のSEX事情を反映した内容のものなら特に大歓迎、あなたのナマナマしい体験をどしどし送って下さい。

●採用分に関しましては、当社規定の謝礼を差し上げます（但し、採否にかかわらず原稿の返却はいたしませんので、控え等をお取り下さい）。

●原稿には、必ず御連絡先・年齢・職業（具体的に）をお書き添え下さい。

〈送付先〉
〒101-8405
東京都千代田区神田三崎町2－18－11
マドンナ社
「素人投稿」編集部　宛

◉新人作品**大募集**◉

マドンナメイト編集部では、意欲あふれる新人作品を常時募集しております。採用された作品は、本人通知のうえ当文庫より出版されることになります。

【応募要項】未発表作品に限る。四〇〇字詰原稿用紙換算で三〇〇枚以上四〇〇枚以内。必ず梗概をお書き添えのうえ、名前・住所・電話番号を明記してお送り下さい。なお、採否にかかわらず原稿は返却いたしません。また、電話でのお問い合せはご遠慮下さい。

【送付先】〒一〇一-八四〇五 東京都千代田区神田三崎町二-一八-一一 マドンナ社編集部 新人作品募集係

熟《じゅく》年《ねん》相《そう》姦《かん》 忘《わす》れえぬ母《はは》の柔肉《やわにく》

編者◉素人投稿編集部【しろうととうこうへんしゅうぶ】

発行◉マドンナ社

発売◉二見書房 東京都千代田区神田三崎町二-一八-一一
電話 〇三-三五一五-二三一一(代表)
郵便振替 〇〇一七〇-四-二六三九

印刷◉株式会社堀内印刷所 製本◉株式会社村上製本所 落丁・乱丁本はお取替えいたします。定価は、カバーに表示してあります。

ISBN978-4-576-20071-2 ◉Printed in Japan ◉©マドンナ社